ANLEITUNG
ZUM
ENTWURF
VON
STÄDTISCHEN
RÄUMEN

HAND BUCH DER STADT BAUKUNST

STUDIENAUSGABE

jovis

CHRISTOPH MÄCKLER MIT BIRGIT ROTH

ANLEITUNG
ZUM
ENTWURF
VON
STÄDTISCHEN
RÄUMEN

HAND
BUCH
DER
STADT
BAUKUNST

STUDIENAUSGABE

2
HOFRÄUME

BAND 1 STADTRÄUME
BAND 2 HOFRÄUME
BAND 3 PLATZRÄUME
BAND 4 STRASSENRÄUME

KIEL

STRALSUND   PUTBUS

LÜBECK   GREIFSWALD

WISMAR

HAMBURG

BREMEN   LÜNEBURG

OLDENBURG

CELLE   BERLIN

HANNOVER   POTSDAM

BRAUNSCHWEIG

EISENHÜTTENSTADT

MÜNSTER   BIELEFELD

WARENDORF

BOCHUM   DORTMUND   HALLE (SAALE)

ESSEN   LEIPZIG   GÖRLITZ

WUPPERTAL   KASSEL   DRESDEN

DÜSSELDORF   BAD AROLSEN   WEIMAR   CHEMNITZ

KÖLN

AACHEN   ALSFELD

FRANKFURT AM MAIN

WIESBADEN

TRIER   MAINZ   BAMBERG

MANNHEIM   NÜRNBERG

LUDWIGSHAFEN

SPEYER   HEIDELBERG   ANSBACH

KARLSRUHE   DINKELSBÜHL

LUDWIGSBURG   NÖRDLINGEN   REGENSBURG

STUTTGART   SCHWÄBISCH GMÜND   PASSAU

TÜBINGEN   LANDSHUT

FREUDENSTADT   AUGSBURG

FREIBURG   MÜNCHEN

KEMPTEN   ROSENHEIM

WANGEN   BAD TÖLZ

LINDAU

BAND 2 HOFRÄUME

WOLFGANG SONNE

DER STÄDTISCHE BLOCK

EINLEITUNG: DEFINITION

Als städtischen Block oder Baublock bezeichnet man die Fläche, die innerhalb eines Straßennetzes für eine Bebauung zur Verfügung steht. Während Straßen und Wege primär einer wie auch immer gearteten Mobilität dienen, finden auf den Flächen des städtischen Blocks primär alle Arten von stationären Tätigkeiten statt. Bildlich kommt dies im römischen Begriff der *insula* zum Ausdruck, in dem der städtische Block als vom Verkehr umströmte Insel dargestellt wird. Verweist der Begriff des städtischen Blocks oder Baublocks vor allem auf den Bereich der Stadt, so lässt sich der Block ganz allgemein als Fläche innerhalb einer Masche eines Wegenetzes definieren, das sowohl Stadt als auch Land umfasst. Während allen diesen Blöcken die Umfassung durch Straßen und Wege gemeinsam ist, unterscheiden sie sich wesentlich durch Größe und Nutzung: Blöcke in der Stadt sind vergleichsweise klein und bebaut, Blöcke auf dem Land sind vergleichsweise groß und land- oder forstwirtschaftlich genutzt.

Nach diesen grundsätzlichen Gemeinsamkeiten aller Baublöcke beginnt bereits das weite Feld der Variablen: Baublöcke können unterschiedlich groß sein, sie können unterschiedlich erschlossen werden, sie können verschiedene Formen aufweisen und in verschiedenen Arten bebaut sein. Neben diesen gestalterischen Unterschieden können sie unterschiedliche Nutzungen, Besitzverhältnisse und Verkehrstechniken aufweisen, um hier nur die für den Baublock unmittelbar wirksamsten Gestaltbedingungen zu nennen.

Trotz all dieser Variablen hat sich jedoch in der Geschichte des Städtebaus eine Art des Baublocks herausgebildet, der seit den Städten der Antike quer durch alle Epochen und Regionen in unterschiedlichen politischen, sozialen, wirtschaftlichen und kulturellen Zusammenhängen in ähnlicher Weise vorkommt. Dieser als städtischer Normalblock zu bezeichnende Baublock zeichnet sich durch folgende Eigenschaften aus: Er ist in privatem Besitz im Unterschied zum ihn umgebenden öffentlichen Straßennetz. Er ist in mehrere Parzellen aufgeteilt, die unterschiedliche Eigentümer haben. Die einzelnen privaten Parzellen werden direkt durch die umgebenden öffentlichen Straßen erschlossen. Die Bebauung erfolgt durch einzelne Häuser auf den Parzellen. Die Häuser stehen am Blockrand und trennen damit den privaten vom öffentlichen Raum effektiv ab. Die Fassade des Stadthauses markiert die Grenze zwischen Öffentlichkeit und Privatheit; sie wird von Privaten errichtet und gestaltet zugleich den öffentlichen Raum. Die Häuser dienen den verschiedenen Facetten des privaten Lebens wie Wohnen, Arbeiten sowie oftmals Handeln in den der Straße zugewandten Räumen des Erdgeschosses. Innerhalb des Blocks besteht ein Hofraum, der weniger vorzeigbare Nutzungen beherbergt.

Im Folgenden werden die wichtigsten Parameter der Gestalt des Baublocks untersucht. Dabei werden bestimmte Ausformungen durch den Verweis auf die sie prägenden Bedingungen zu erklären versucht.

GRÖSSE

Legt man die allgemeine Definition des Blocks zugrunde, so kann seine Größe vom Block von wenigen Metern Seitenlänge mit nur einem Haus bis zum Block von Hunderten Kilometern Seitenlänge mit einer ganzen Wildnis reichen. Innerhalb der europäischen Kulturlandschaft reduzieren sich diese landschaftlichen Blockgrößen zwar deutlich – auch hier bleibt aber der Kontrast zwischen kleinen Stadtblöcken und großen Landblöcken erkennbar. Die Kleinheit städtischer Baublöcke resultiert vor allem aus der hohen Frequenz der dort stattfindenden Tätigkeiten und dem damit verbundenen Verkehr. Während sich auf dem Land lediglich Fuchs und Hase „Gute Nacht" sagen, wofür kein ausgeprägtes Wegenetz vonnöten ist, findet auf den Baublöcken der Stadt ein reges Treiben von Handel,

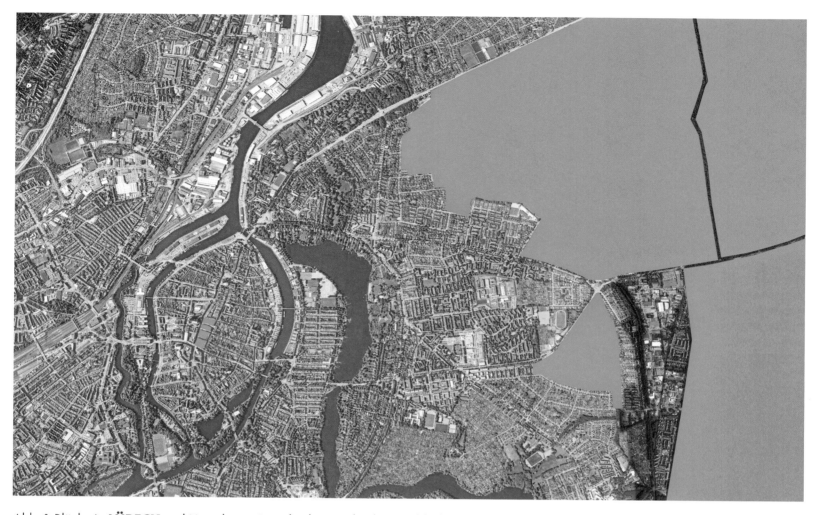

Abb. 1 Blöcke in **LÜBECK** und Umgebung. Die Kleinheit städtischer Baublöcke resultiert vor allem aus der hohen Frequenz der dort statt-findenden Tätigkeiten und dem damit verbundenen Verkehr. Es findet ein reges Treiben von Handel, Produktion und Wohnen statt, das viele Menschen auf vielfältige Weise erreichen müssen. Dies erfordert ein dichter ausgebautes Wegenetz als auf dem Land, das durch größere Blöcke und ein weitmaschigeres Wegenetz charakterisiert ist.

Produktion und Wohnen statt, das viele Menschen auf vielfältige Weise erreichen müssen. Dies erfordert ein dichter ausgebautes Wegenetz, was notwendig kleinere Baublöcke zur Folge hat.

Drücken die Erfordernisse der Mobilität von außen auf die Größe des Blocks – Jane Jacobs hat treffend die Kleinheit städtischer Blö-cke zum Zwecke ihrer schnellen Umrundbarkeit als eine Voraus-setzung für Urbanität beschrieben –, so bläst die Ökonomie der Flächennutzung von innen die Blockgröße auf: So viel Fläche wie möglich soll den eigentlichen städtischen Nutzungen zur Ver-fügung stehen, und so wenig Fläche wie möglich soll durch Ver-kehrsflächen verloren gehen, für die zumeist auch noch die öffent-liche Hand zahlen muss. Die wirkliche Größe von Baublöcken ergibt sich also aus dem Austarieren dieser widerstreitenden Inten-tionen und spiegelt die Stärke der jeweilig handelnden Akteure und prägenden Vorstellungen wider.

Ein weiterer Faktor für die relative Kleinheit städtischer Baublöcke liegt in der Erreichbarkeit der dort angesiedelten Bauten und Nut-zungen. Geschickterweise werden die einzelnen Parzellen direkt über die den Block umgebenden Straßen erschlossen, um weitere Zugangswege zu vermeiden. Alle Parzellen müssen also an den Blockrand stoßen – und sollen sie nicht zu groß werden, so sind auch den Maßen des Blocks Grenzen gesetzt. Gut lässt sich dies an den handtuchartigen schmalen, tiefen Parzellen mittelalterlicher

Handelsstädte wie etwa Lübeck ablesen: Die Ansiedlung von möglichst vielen Besitzern mit Zugang zur Straße führte zu schmalen Parzellen; die maximale Ausnutzung des Bodens für Siedlungszwecke mit möglichst viel Blockland und wenig Stra-ßenfläche führte zu tiefen Parzellen. Zugleich beschränkten die Bedingungen der Parzellennutzbarkeit und der Durchwegung wiederum die Blockgröße.

Der Kleinheit städtischer Blöcke sind generell durch die Öko-nomie des Wegesystems Grenzen gesetzt. Würde die maximale Erreichbarkeit eines Hauses eigentlich eine Reduzierung der Blockgröße auf eine Parzelle erfordern, so hätte dies jedoch eine gewaltige Ausweitung des Wegesystems und den Verlust von Bebauungsflächen in der Stadt zur Folge. Rundum von Straßen erschlossene Bauten auf einem kleinen Block sind deshalb die Ausnahme, zumeist bei öffentlichen Bauten wie etwa der Pariser Oper von Charles Garnier. Im gewöhnlichen Baublock von Paris sind dagegen 20 bis 40 Häuser in einem Block mit Seitenlängen von 50 bis 200 Meter zusammengefasst.

Die Veränderung von Blockgrößen im Laufe einer sich differen-zierenden kulturellen Entwicklung lässt sich gut an der Konzep-tion griechischer Gründungsstädte ablesen. Waren die frühen Kolonien des 7. und 6. Jahrhunderts v. Chr. durch bis zu 250 Meter lange Blöcke gekennzeichnet, weshalb diese Stadtanlagen heute

DER STÄDTISCHE BLOCK

Abb. 2 Opéra Garnier, **PARIS**, 1861–1875. Rundum von Straßen erschlossene Bauten auf einem kleinen Block sind eine seltene Ausnahme, die zumeist bei öffentlichen Bauten angewandt wird. Die Regel sind Stadthäuser, die nur mit einer Seite am Blockrand an den öffentlichen Raum anschließen, wie es hier an den umgebenden Baublöcken abzulesen ist.

Streifenstädte genannt werden, so verfeinerte im 5. Jahrhundert v. Chr. Hippodamos von Milet das System, indem er unter anderem die Blockgröße mit dem Zweck einer besseren Durchwegung der Stadt verkleinerte. Waren bei Streifenstädten wie Akragas bis zu 44 Parzellen in zwei Reihen in einem Block angeordnet, so reduzierte Hippodamos in Piräus die Zahl der Parzellen pro Block auf acht. Aus den gleich großen Parzellen resultierte ein Blockmaß von 145 × 124 Fuß (47,49 × 40,62 Meter). Die Besonderheit der gleich großen Parzellen, in Piräus noch kombiniert mit gleichartigen Häusern, lässt sich nur durch die Einbeziehung des konkreten politisch-sozialen Hintergrunds erklären: Zunächst im Rahmen einer unter Auswanderungsbedingungen stehenden Vorstellung der Isonomia, dann im Rahmen der Demokratievorstellungen nach den Kleisthenischen Reformen war gleicher Besitz für gleichberechtigte Bürger eine Voraussetzung für den Bau von Städten.

Für die Vergrößerung von Parzellen innerhalb eines bestehenden Blocks bietet die Casa del Fauno in Pompeji ein gutes Beispiel. Sie entstand im 2. Jahrhundert v. Chr. in einem Block, der ursprünglich in etwa zehn Parzellen unterteilt war. Zunächst belegte sie den halben Block; durch den Zukauf der restlichen Parzellen und die Errichtung eines Gartenperistyls umfasste sie schließlich den gesamten Block mit knapp 3.000 Quadratmetern. Eine solche Vergrößerung von Grundstücken ist Folge eines sozialen Differenzierungsprozesses, bei dem sich Oberschichten mit großem Reichtum – hier ein an hellenistischer Kultur orientiertes Stadtpatriziat – bilden und der sich in der Geschichte des Städtebaus immer wieder in entsprechenden Grundstücksvergrößerungen widerspiegelt.

Die Besonderheit sehr großer Baublöcke weist der Stadterweiterungsplan für Berlin von James Hobrecht von 1862 auf. Obwohl in der Ausschreibung gefordert war, sich an den vergleichsweise kleinen Blöcken der Friedrichstadt von 1688 zu orientieren,

entwarf Hobrecht Blöcke von bis zu 300 Meter Seitenlänge. Sein Vorgehen war ökonomisch motiviert: Mit seinem im Auftrag des Staates entstandenen Plan wollte er die Kosten für die weitere Erschließung auf die privaten Grundbesitzer abwälzen, während die öffentliche Hand nur für die wenigen Hauptstraßen um die großen Blöcke herum bezahlen sollte. Dabei hatte er das britische Vorbild der *developments* auf privatem Großgrundbesitz vor Augen. Da jedoch in Berlin keine entsprechenden gesetzlichen Rahmenbedingungen vorhanden waren oder geschaffen wurden, gingen auch die Bauspekulanten ihrerseits nach ökonomischen Gesichtspunkten vor und errichteten eine Maximalbebauung von nur über enge Höfe erschlossenen Mietshäusern.

Eine Spezialität des Autozeitalters bilden die Superblöcke von Großwohnsiedlungen im 20. Jahrhundert. Diese weisen nicht nur eine bis dahin ungesehene Größe auf, sondern zeichnen sich auch durch eine differenzierte Binnenerschließung aus, die keine eindeutige Definition des Blocks zulässt. Umgekehrt kann der Superblock auch als zusammengehörige bauliche Anlage, die mehrere Blöcke übergreift, definiert werden. So erreicht beispielsweise der mit dem Auto befahrbare Straßenring um die ab 1962 errichtete Gropiusstadt in Berlin eine Länge von über drei Kilometern; das Fußwegenetz gliedert aber das Innere dieses Superblocks in Bereiche, die den Blockgrößen der umgebenden Stadtviertel entsprechen. Die Bestimmung der Blockgröße hängt also davon ab, ob man das Auto oder den Fußgänger zum Maßstab nimmt. Solche Superblockplanungen waren nur möglich, wenn sich die gesamte Fläche im Besitz eines einzelnen Trägers, zumeist Wohnungsbaugenossenschaften oder Kommunen, befand.

Jüngste Beispiele für die Vergrößerung von Baublöcken bilden die neu entstehenden innerstädtischen Shoppingmalls. So wurden etwa bei der Mall am Limbecker Platz in der Innenstadt von Essen

PIRÄUS

Abb. 3 Baublock in **PIRÄUS**, 5. Jh. v. Chr. Die Besonderheit der gleich großen Parzellen, kombiniert mit gleichartigen Häusern, lässt sich nur durch die Einbeziehung des konkreten politisch-sozialen Hintergrunds erklären: Zunächst im Rahmen einer unter Auswanderungsbedingungen stehenden Vorstellung der Isonomia (Gleichberechtigung der Kolonisten), dann im Rahmen der Demokratievorstellungen nach den Kleisthenischen Reformen war gleicher Besitz für gleichberechtigte Bürger eine Voraussetzung für den Bau von Städten.

zwei Blöcke und mehrere Parzellen zu einem Block zusammengelegt und durch einen monolithischen Baukörper überbaut. Diese Vergröberung eines innerstädtischen Straßennetzes steht im Gegensatz zu dem historisch beobachtbaren Prozess der Wegenetzverfeinerung und Blockverkleinerung im Dienste von Handelsinteressen: Schon in der mittelalterlichen Handelsstadt sind die Blöcke um den Marktplatz mit dem größten Handelsaufkommen die kleinsten, während sie zum Stadtrand hin größer werden. Den kleinsten „Block" im Dienste des Handels bildet die „insula" des Marktstandes, die von größtmöglichem Käuferverkehr umflossen ist.

Grundsätzlich lässt sich zur Größe von Baublöcken festhalten, dass sie zur Stadtmitte hin abnimmt. Dies liegt an der höheren Nutzerfrequenz der dort angesiedelten politischen, gesellschaftlichen, ökonomischen und kulturellen Zentralfunktionen. Von dieser graduellen Verkleinerung sind alle Arten von Sondernutzungen ausgenommen, die einen größeren Flächenbedarf haben. Städtische Infrastrukturen wie Krankenhäuser, Stadien oder Parks bilden meist Großblöcke im feingliedrigen Blockgefüge der Stadt. Ebenso erfordern Industrieanlagen große Flächen, die sich oftmals am Stadtrand befinden, aber auch – wie etwa in den Ruhrgebietsstädten – als Einsprengsel im Stadtkörper liegen und mit ihrer Größe nicht unerhebliche Entwicklungshindernisse bilden können. Heutige Gewerbegebiete setzen diese Tradition der monofunktionalen Großblöcke in der Peripherie fort, oftmals ohne dass für eine solche Separierung noch zwingende Gründe vorliegen.

FORM

Die Form der Fläche von Baublöcken lässt sich grundsätzlich unterscheiden in regelmäßig und unregelmäßig sowie rechteckig und spitz- beziehungsweise stumpfwinklig. Regelmäßige Blockformen mit zumeist geraden Randlinien wie etwa bei den römischen

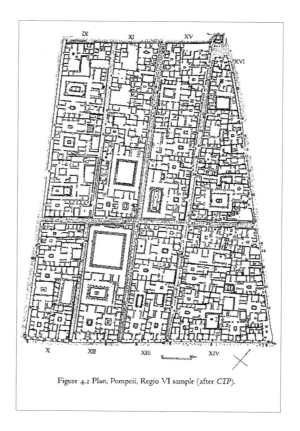

Figure 4.2 Plan, Pompeii, Regio VI sample (after *CTP*).

Abb. 4 Baublock mit der Casa del Fauno in **POMPEJI**, 2. Jh. v. Chr. (Block XII). Eine solche Vergrößerung von Grundstücken ist Folge eines sozialen Differenzierungsprozesses, bei dem sich Oberschichten mit großem Reichtum – hier ein an hellenistischer Kultur orientiertes Stadtpatriziat – bilden und der sich in der Geschichte des Städtebaus immer wieder in entsprechenden Grundstücksvergrößerungen widerspiegelt.

DER STÄDTISCHE BLOCK

Abb. 5 Mittelalterlicher Innenstadt-block in **BOLOGNA**, Restaurie-rungsplan, Pier Luigi Cervellati u. a., 1977. Die Bebauung am Blockrand ermöglicht eine direkte Erschließung der Privathäuser von der öffent-lichen Straße, wohin diese ihre der Öffentlichkeit zugewandte Fassade gestalterisch ausbilden. Die maxi-male Ausnutzung des Blockrands führt zu einer geschlossenen Blockrandbebauung, die private Innenhöfe entstehen lässt.

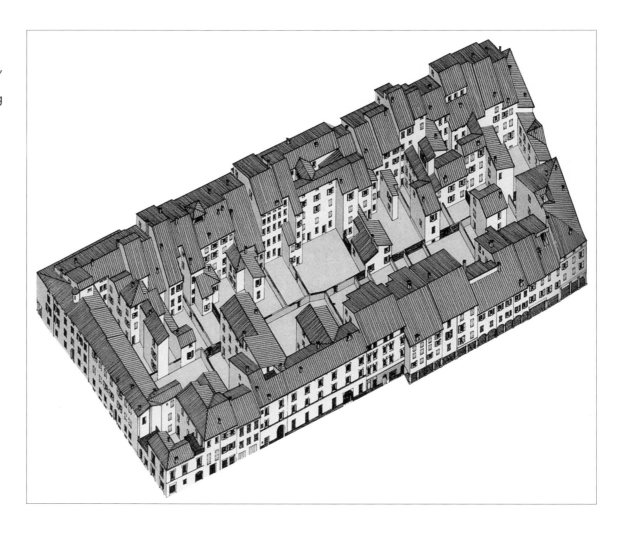

Abb. 6 Fritschweg in **BERLIN**, Paul Mebes, 1908. Privatstraßen boten Möglichkeiten der Erschlie-ßung des Blockinneren. War die Versöhnungs-Privatstraße von 1904 als eine öffentlich zugängliche Folge von Höfen angelegt, so folgte der Fritschweg so sehr dem Bild der Stadtstraße, dass er sich nicht von einer öffentlichen Straße unterschei-den ließ.

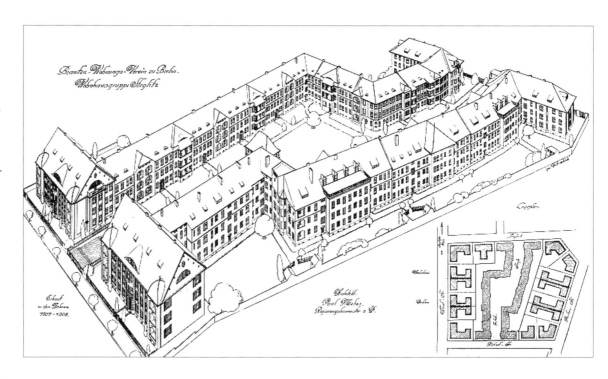

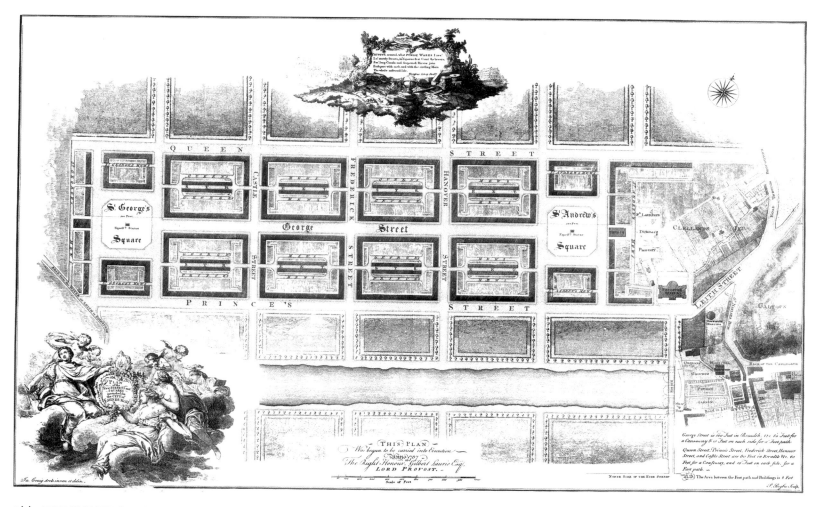

Abb. 7 **EDINBURGH**, New Town, James Craig, 1768. Der Erweiterungsplan für Edinburgh basiert auf einem Blocksystem, bei dem der von *streets* umschlossene Baublock von *lanes* durchquert wird. Dieses System ist hier zusätzlich verfeinert, indem jeweils eine weitere *lane* die entstehenden Blockteile durchquert und die Bebauung zusätzlich rückwärtig erschließt.

Rasterstädten oder der *centuriatio* auf dem Land sind die Folge übergreifender Planungen. Unregelmäßige Blockformen mit beispielsweise irregulär geschwungenen Randlinien wie bei den meisten Dorfanlagen, mittelalterlichen Stadtanlagen oder Stadterweiterungen sind zwar nicht die Folge von organischem Wachstum oder Planlosigkeit, aber zumeist die Folge der Abwesenheit einer übergreifenden Planung. Sie sind oftmals aus sukzessive getroffenen einzelnen kleinen Planungsentscheidungen entstanden, die sich an bestehenden Situationen wie etwa topografischen Besonderheiten, Wegformen oder Besitzgrenzen orientiert haben. Selbst der aus ästhetischen Gründen mit irregulären Blockformen arbeitende malerische Städtebau eines Camillo Sitte versuchte, die potenzielle Willkürlichkeit seiner unregelmäßigen Formen durch eine Rückbindung an solche vorhandenen Situationen zu mildern.

Hinter der Unterscheidung von rechteckigen und spitz- beziehungsweise stumpfwinkligen Baublöcken stehen die widerstreitenden Prinzipien der Wegführung und des Hausbaus. Einerseits erfordern Städte als Zentralorte eines Gebiets eine radiokonzentrische Straßenanlage, die aus allen Richtungen ins Zentrum der Stadt leitet – bekanntlich führen alle Wege nach Rom –, woraus sich prinzipiell spitz- und stumpfwinklige Baublöcke ergeben. Andererseits erfordert der Hausbau sowohl raumökonomisch als auch konstruktiv rechtwinklige Räume, die zu ebenso rechtwinkligen Häusern und wiederum ebenso rechtwinkligen Baublöcken führen. Tatsächlich resultieren aus diesen widerstreitenden Prinzipien nicht in idealer geometrischer Weise

lösbare Widersprüche im Plan einer Stadt. Rasterstädte, aus für die Bebauung günstigen regelmäßigen rechteckigen Blöcken zusammengesetzt, können diese perfekte Blockform meist nur im Zentrum oder in einzelnen Quartieren durchhalten – zum Rand hin fordert die Radialität ihren Tribut, wie es etwa die Innenstadt von Lissabon aus dem 18. Jahrhundert oder selbst eine lange nach dem Prinzip des Rasters erweiterte Stadt wie Turin in ihren Stadterweiterungen des 19. und 20. Jahrhunderts zeigt. Die meisten Städte zeichnen sich deshalb durch leicht unregelmäßige rechteckige Baublöcke aus, die sowohl den Bebauungsanforderungen gerecht werden, als auch einem radiokonzentrischen Gesamtstadtsystem eingliederbar sind. Ein Modell für eine solche radiokonzentrische Stadtanlage mit rasterförmigen Quartieren bildet Otto Wagners Studie über die Großstadt von 1911.

Die bautechnisch und entwerferisch herausfernde Form spitzwinkliger, bisweilen dreieckiger Baublöcke entstand oftmals durch nachträglich in ein bestehendes rechteckiges System eingefügte Diagonalstraßen. In großem Stil geschah dies etwa beim Stadtumbau von Paris unter Haussmann Mitte des 19. Jahrhunderts; die Avenue de l'Opéra ist das bekannteste Beispiel einer solchen eingefügten Radialstraße mit resultierenden spitzwinkligen Baublöcken. Auch viele Planungen der City-Beautiful-Bewegung in den USA sahen solche vor allem verkehrstechnisch motivierten Radialstraßen vor; sie blieben aber, wie beispielsweise beim Plan of Chicago von Daniel H. Burnham und Edward H. Bennett von 1909, zumeist Papier.

DER STÄDTISCHE BLOCK

Da ein System aus kreisförmigen Blöcken riesige Restflächen und ungerichtete Verkehrswege zur Folge hätte, kommen regelmäßige Rundungen im Baublock lediglich als Teilformen vor und sind zumeist von der Wirkung des Raums und nicht des Blocks her bestimmt. Beispiele solcher auf Raumwirkung angelegten regelmäßigen Rundungen bieten vor allem die britischen *developments* mit *terraced houses* aus dem 18. und 19. Jahrhundert: Beim King's Circus von 1754 und beim Royal Crescent von 1767 in Bath etwa entstehen Blockformen, die regelmäßige Rundformen enthalten, um einen besonderen städtischen Repräsentationsraum zu schaffen. Hexagonale Baublöcke – neben Recht- und Dreiecken die einzig weitere geometrische Form, die sich zu einem durchgehenden Flächenmuster zusammensetzen lässt – bewegten zwar die Fantasie von Idealstadtentwerfern um 1900, ließen sich aber wegen ihrer Kombination aus ungünstigen Bauflächen und ungerichteten Straßenzügen nicht verwirklichen und bleiben somit als Waben den Bienen vorbehalten.

ERSCHLIESSUNG

Ein entscheidendes Merkmal für die Gestalt des Blocks ist die Art der Erschließung der auf ihm beherbergten Nutzungen der in ihm liegenden Parzellen beziehungsweise der auf ihm stehenden Häuser. Die einfachste und gewöhnlichste Form der Erschließung ist der direkte Zutritt vom öffentlichen Straßenraum auf den privaten Grund beziehungsweise in das private Haus. Der gesamte Blockrand, durch eine Fluchtlinie rechtlich fixiert, eignet sich dabei potenziell als Erschließungslinie. Der Vorteil dieser Erschließungsart liegt darin, dass keine zusätzlichen Verkehrsflächen im Block benötigt werden. Dementsprechend findet sich das über eine Tür erschlossene Stadthaus am Straßenrand in nahezu allen Kulturkreisen aller Epochen.

Werden alle Parzellen direkt über den Blockrand erschlossen, so sind der Größe des Blocks Grenzen gesetzt. Nichtsdestotrotz werden auch bei kleinen Blöcken mit Blockranderschließung Verkehrsflächen und -räume für die halbprivate beziehungsweise private Binnenerschließung angelegt. Zentrales Element ist hier der Hof, der zum einen als Verteilerfläche im Haus beim Hofhaustypus dienen und zum anderen als Blockinnenhof eine Verbindungsfunktion innerhalb des Blocks haben kann. Als bewusst gestalteter öffentlicher Aufenthalts- und Zugangsbereich wurden solche Blockinnenhöfe beispielsweise beim sozialen Wohnungsbauprogramm der Wiener Höfe in den 1920er Jahren eingesetzt. Sie dienten nicht allein der Erschließung, sondern boten durch ihre Größe auch gute Belichtungs- und Belüftungssituationen. Zudem waren sie als ideale sozialistische Inseln im Meer der kapitalistischen Großstadt konzipiert.

Eine Vergrößerung der Erschließungslinie bietet ebenfalls der Vorhof, der sich als Hof zum öffentlichen Raum hin öffnet. Die Ehrenhöfe der Pariser Stadtpaläste des 17. und 18. Jahrhunderts *entre cour et jardin* sind nur bedingt dieser Typologie zuzuordnen, da sie zum Straßenraum durch eine Mauer auf der Grundstücksgrenze abgetrennt sind. Der Zugang erfolgt über ein Tor, das die Fortsetzung der Haustür mit anderen Mitteln darstellt. Echte Vorhöfe entstanden beispielsweise nach Eugène Hénards Idee eines *boulevard à redans* bei einigen Reformblockbauten des frühen 20. Jahrhunderts: Begrünte, der Straße zugewandte Höfe bilden einen vergrößerten Zutrittsraum zu den Mietswohnhäusern.

Lässt sich der Vorhof als in den Block geschobener Platz verstehen, so bildet die Sackgasse eine in den Block hineinragende Straße. Mit der Zusammenfassung von *court and close* hat Raymond Unwin die Verwandtschaft dieser beiden unterschiedlichen städtebaulichen Elemente treffend zum Ausdruck gebracht. Wie beim Hof stellt sich auch bei der Sackgasse die Frage, ob sie auf öffentlichem oder privatem Grund errichtet ist und ob sie – durchaus davon unabhängig – öffentlichen oder privaten Charakter hat. Für den Städtebau in islamisch geprägten Ländern war lange Zeit eine Erschließung der relativ großen Baublöcke durch ein sich verzweigendes Sackgassensystem üblich. Je weiter eine Sackgasse in den Block hineinragte, desto privater wurde sie – eine Abstufung, die manchmal durch das Anbringen von Toren markiert wurde. Eine solche Erschließungsart entstand für eine Gesellschaft, die nicht von einer abstrakten Definition von Öffentlichkeit ausging, sondern sich vor allem durch Familien- und Quartiersbindungen definierte.

Die Eigenschaft der Sackgasse, Zugänglichkeiten im Blockinneren zu schaffen, ohne Durchgangsverkehr zu generieren, wurde sich bewusst bei der Anlage von autogerechten Wohnquartieren zunutze gemacht. Das typische Layout des amerikanischen *suburb sprawl* der zweiten Hälfte des 20. Jahrhunderts sieht große Baublöcke von mehreren Kilometern Umfang vor, in die vielfach gewundene Sackgassen als Teil des öffentlichen Straßennetzes hineinragen. Diese bieten zwar aufgrund des fehlenden Durchgangsverkehrs ruhige und sichere Wohnlagen; die aus dieser Erschließungsform resultierende Blockgröße bildet aber für jede fußläufige Erreichbarkeit ein unüberwindliches Hindernis – selbst alltägliche Versorgungswege müssen mit dem Auto zurückgelegt werden.

Eine Besonderheit ist die durch den Block hindurchführende Privatstraße. Zwar auf privatem Grund errichtet, hat sie dank ihrer Erschließungsfunktion meist einen öffentlichen Charakter, der sich manchmal nicht von öffentlichen Straßen unterscheidet. In Berlin war sie um 1900 ein beliebtes Mittel, um die auf dem Hobrecht-Plan ausgewiesenen Großblöcke in hygienisch verträgliche Bereiche aufzuteilen. War die Versöhnungs-Privatstraße von 1904 als eine öffentlich zugängliche Folge von Höfen angelegt, so folgte der Fritschweg von Paul Mebes 1908 so sehr dem Bild der Stadtstraße, dass er sich nicht von einer öffentlichen Straße unterscheiden ließ.

Eine absichtsvolle Differenzierung von repräsentativer Zugangs- und dienender Versorgungsseite lag dem britischen System der *mews* beziehungsweise *lanes* zugrunde. Dieses in *developments* mit *terraced houses* vom 17. bis zum 19. Jahrhundert angewandte System kam allerdings zumeist gänzlich auf dem Großgrundbesitz von *landlords* zum Einsatz, so dass nicht allein die den Block durchquerende *lane*, sondern auch die die Vorderseite des Hauses bedienende *street* als Privatstraße angesehen werden kann. Da die *mews* beziehungsweise *lanes* ebenso öffentlich zugänglich waren wie die *streets,* stellt sich auch die Frage nach der Definition des Baublocks: Rechtlich besehen müsste die einzelne Hauszeile zwischen Straße und Gasse als Block bezeichnet werden; vom Charakter des Stadtraums her wird man aber zweifellos die Fläche zwischen den Straßen als Block ansehen, der von einer Ver- und Entsorgungsgasse durchzogen ist.

Im Zuge der Blockverkleinerung und -ausdifferenzierung zu Handelszwecken entstand um 1800 die Passage. Sie machte das Blockinnere der kaufenden Öffentlichkeit zugänglich und vergrößerte damit die im Baublock vorhandene Verkaufsfläche. Um Kunden in den vermeintlichen Hinterhof zu locken, bot sie mit ihrer Überdachung einen besonderen Witterungsschutz, vermittelte aber zugleich durch eine straßenübliche Fassadengestaltung dem kauflustigen Flaneur den gewohnten Eindruck des öffentlichen Raums. Frühe Passagen wie die Passage des Panoramas in Paris von 1800 waren meist abschließbar und offerierten mit ihren kleinen

Abb. 8 Wohn- und Geschäftshäuser im Quartier de l'Odéon in **PARIS**, um 1790. Dem Handel ist in der Stadt insbesondere die öffentliche Seite des Blocks zur Straße dienlich, was zur Ausbildung des seit der Antike durch alle Zeiten und Gesellschaften vorkommenden Typus des Stadthauses mit Geschäftsräumen im Erdgeschoss und Wohnräumen in den Obergeschossen geführt hat.

Dimensionen eher intime Räume; spätere Passagen wie die Galleria Vittorio Emanuele II in Mailand von 1864 waren nicht nur in gewöhnlichen Straßendimensionen errichtet und jederzeit zugänglich, sondern boten auch den architektonischen Pomp öffentlicher Bauten auf, um die kommerzinteressierte Öffentlichkeit anzulocken.

Eine besondere Erschließungsform bilden getrennte Verkehrssysteme, die sich innerhalb eines Blocks oder über mehrere Blöcke hin überlagern. Hier hängt die Bestimmung des Blocks wesentlich davon ab, welches Verkehrssystem man zugrunde legt. Auf einer Trennung von Autostraßen und Fußgängerwegen bauten beispielsweise Clarence Stein und Henry Wright 1929 ihren Plan für Radburn auf: Während die Häuser an der Vorderseite durch Straßen erschlossen werden, ist an deren Rückseite in Parkzügen durch das Blockinnere ein Fußwegenetz angegliedert. Die spezielle geografische Situation Venedigs hat zu einer ganz eigenartigen Überlagerung zweier Erschließungssysteme geführt: dem Verkehr zu Wasser und zu Lande. Historisch gesehen definieren sich die Blöcke Venedigs durch die sie umgebenden Kanäle, die die ursprüngliche Zugangsart bildeten. Erst das im 19. Jahrhundert stark ausgebaute Landwegenetz kehrte die Wahrnehmung um: Für die heutigen Touristen zeigen sich Venedigs Baublöcke eher als von Wasserwegen durchquerte „Landblöcke" denn als von Landwegen durchzogene „Wasserblöcke".

BEBAUUNG

Die Bebauungsweisen des Blocks sind eng mit den Nutzungen verknüpft, jedoch nicht an diese gebunden. Die Idee der monofunktionalen Nutzung des Blocks in funktionsspezifischen Bauten

ist vergleichsweise jung und auch heute eher die Ausnahme. Den städtebaulichen Normalfall in historischer und geografischer Breite bilden die Aufnahme vielfältiger Funktionen im Block und die Umnutzung von bestehenden Bauten. Die Grundnutzung städtischer Blöcke besteht im Wohnen, das kulturell höchst unterschiedlich konnotiert sein kann und neben Schlafen und Essen zumeist auch Formen des Arbeitens und Repräsentierens impliziert. Hinzu kommt die Nutzung von Blockflächen für Zwecke des Handels und der Produktion. Dem Handel ist dabei insbesondere die öffentliche Seite des Blocks zur Straße dienlich, was zur Ausbildung des seit der Antike durch alle Zeiten und Gesellschaften vorkommenden Typus des Stadthauses mit Geschäftsräumen im Erdgeschoss und Wohnräumen in den Obergeschossen geführt hat. Das Gegenmodell zu dieser multifunktionalen, den Block maximal ausnutzenden städtischen Bebauung kann man im suburbanen Block mit Einfamilienhäusern erblicken: Hier zieht sich die Bebauung in Vereinzelung von der Straße zurück und dient monofunktional einer bestimmten Art des Wohnens.

Grundsätzlich lässt sich die Bebauung des Blocks in zwei Typen teilen: in die Blockrandbebauung mit direktem Bezug zu den umgebenden Straßen und in die Blockbinnenbebauung ohne direkten Bezug zur Straße. Die Blockrandbebauung untergliedert sich in die Typologien der geschlossenen und der offenen Blockrandbebauung. Die geschlossene Blockrandbebauung bildet die häufigste Form städtischer Blockbebauung, denn sie nutzt den städtischen Boden am ökonomischsten: Hier steht Haus an Haus, wodurch eine maximale Anzahl von Anwohnern auf dem raren städtischen Boden untergebracht werden kann; zudem hat eine maximale Anzahl von Anwohnern Anteil am öffentlichen Raum,

Abb. 9 Hornbækhus in **KOPENHAGEN**, Kay Fisker, 1922. Die Bandbreite geschlossener Blockrandbebauungen reicht von variantenreichen Stadthäusern auf privaten Parzellen wie etwa bei den Stadthäusern von Amsterdam aus dem 17. und 18. Jahrhundert bis zu einheitlichen Mietshäusern über den gesamten Block auf gemeinschaftlichem Grund wie etwa beim hier gezeigten Hornbækhus.

Abb. 10 Rüdesheimer Platz in **BERLIN**, 1905. Er bietet ein herausragendes Beispiel der Gestaltung einer Vorgartenzone: Zur Wertsteigerung von spekulativ errichtetem Mietwohnungsbau wurde der Vorgarten nicht nur in die Tiefe, sondern auch in die Höhe gezogen, so dass eine bepflanzte Böschung entstanden ist, die sowohl zusätzlichen Abstand der Erdgeschosswohnungen vom Straßenraum als auch eine größere Sichtbarkeit der Schmuckgärten gewährleistet.

was wiederum einer Grundbedingung der Stadt, maximale Austauschmöglichkeiten auf minimalem Raum zu schaffen, entspricht. Die Bandbreite geschlossener Blockrandbebauungen reicht dabei von variantenreichen Stadthäusern auf privaten Parzellen wie etwa bei den Stadthäusern von Amsterdam aus dem 17. und 18. Jahrhundert bis zu einheitlichen Mietshäusern über den gesamten Block auf gemeinschaftlichem Grund wie etwa beim Hornbækhus von Kay Fisker in Kopenhagen von 1922.

Bei der offenen Blockrandbebauung bilden die Häuser keine geschlossene Blockfront, sondern sind voneinander getrennt. Offene Blockrandbebauungen können als frühe Formen der Urbanisierung vorkommen, etwa wenn bei griechischen Kolonialstädten zunächst einzelne Hütten auf den Siedlerparzellen entstehen, bevor ein Verdichtungsprozess die Nutzung der gesamten Breite der Parzelle für die Bebauung vorantreibt, oder wenn bei mittelalterlichen Städten zunächst giebelständige Häuser mit geringem Abstand zur Entwässerung nebeneinander errichtet werden, bevor eine traufständige Bauweise eine bessere Ausnutzung und eine höhere Feuersicherheit durch Brandwände ermöglicht. Offene Blockrandbebauungen können aber auch die Folge von Reformbemühungen bei als zu dicht empfundenen Bauweisen sein: So war die Einführung des gesetzlich vorgeschriebenen Bauwichs im späten 19. Jahrhundert eine Maßnahme, um durch Mindestabstände zwischen den Häusern bessere hygienische Bedingungen zur Belüftung und Belichtung des Blocks zu schaffen. Beispiel für eine solche Bauweise sind die hangseitigen Innenstadtquartiere von Zürich mit ihren einzeln stehenden Mietwohnhäusern, bei denen neben hygienischen Überlegungen aber auch die topografische Situation einen Einfluss hatte.

Eine weitere typologische Unterscheidung, die sowohl bei der geschlossenen als auch bei der offenen Blockrandbebauung getroffen werden kann, betrifft die Bauweise direkt an der Fluchtlinie oder von dieser zurückgesetzt. Die Blockrandbebauung auf der Fluchtlinie ist die innerstädtischste, da sie den Bedürfnissen nach maximaler Ausnutzung bei maximalen Austauschmöglichkeiten

am besten entspricht. Durch die Anordnung der Häuser auf der Fluchtlinie wird zudem eine eindeutige räumliche Trennung in öffentliche und private Bereiche vollzogen: Die Fassade des Hauses bildet zugleich die Besitzgrenze und bietet als baulich massive Struktur dem privaten Besitz eindeutigen Schutz. Vom Blockrand zurückspringende Bauweisen, seien sie offen oder geschlossen, sind meist die Folge eines Bedürfnisses nach zusätzlicher Privatheit. Sie kommen deshalb häufig bei Wohnhäusern vor, bei denen die Zone zwischen Haus und Straße zumeist als die Wohnqualität fördernder Vorgarten angelegt ist. Je nach städtischer, sozialer und finanzieller Lage können diese Vorgärten von ein Meter tiefen Schmuckrabatten bis zu viele Meter tiefen Privatparks reichen und damit die Abgrenzung zur Blockbinnenbebauung fließend werden lassen. Ein herausragendes Beispiel der Gestaltung einer solchen Vorgartenzone bietet die Bebauung um den Rüdesheimer Platz in Berlin von 1905, bei dem zur Wertsteigerung von spekulativ errichtetem Mietwohnungsbau der Vorgarten nicht nur in die Tiefe, sondern auch in die Höhe gezogen wurde, so dass eine bepflanzte Böschung entstanden ist, die sowohl einen zusätzlichen Abstand der Erdgeschosswohnungen vom Straßenraum als auch eine größere Sichtbarkeit der Schmuckgärten gewährleistet.

Die Blockrandbebauung bildet gewöhnlicherweise einen Hof im Blockinneren aus, der sich als Restraum aus der Randbebauung ergibt. Ist der Block in private Parzellen geteilt, so ist meist auch der Hof anteilig diesen Parzellen zugehörig und wird unterschiedlich genutzt. Handelt es sich um genossenschaftliche Blöcke, so ist meist der Hof als gemeinschaftlicher Raum gestaltet und enthält neben einem Garten manchmal auch gemeinschaftliche Einrichtungen wie Wäschereien, Kindergärten oder Ähnliches. Die Besonderheit der Ausprägung eines Hofs als öffentlicher Platz bietet der Zaanhof in Amsterdam von Joan Melchior van der Mey von 1913: Hier ist in einen äußeren Ring von hohen Mietshäusern ein innerer Ring von Giebelhäusern eingefügt, der dem Hof das Gepräge eines kleinstädtischen Platzes innerhalb der Großstadt verleiht.

Abb. 11 Zaanhof in **AMSTERDAM**, Joan Melchior van der Mey, 1913–1920 (Vordergrund). Hier ist in einen äußeren Ring von hohen Mietshäusern ein innerer Ring von Giebelhäusern eingefügt, der dem Hof das Gepräge eines kleinstädtischen Platzes innerhalb der Großstadt verleiht. Beim danebenliegenden Polanenhof von Karel Petrus Cornelis de Bazel (1916–1923, Mittelgrund) sind drei Blöcke so geformt, dass sie einen zentralen Platz ausbilden und gemeinsam auch als Superblock zu lesen sind.

Abb. 12 Siedlung Les Courtillières bei **PARIS**, Emile Aillaud, 1954. Bei all diesen Formen der Blockbinnenbebauung ist der Raum im Block als öffentlicher Raum konzipiert, der fließend in den öffentlichen Raum der umgebenden Straßen übergeht. Eine solche Bebauungsweise war nur möglich, wenn entsprechend große, zumeist öffentliche oder genossenschaftliche Bauträger über mindestens den gesamten Baublock verfügten.

Im Rahmen der Blockrandbebauung kann schließlich auch der gesamte Block überbaut werden, sei es durch ein einziges großes Gebäude, sei es durch eine Ansammlung einzelner Gebäude, die sich teppichartig über den Block legen. Für diese Form der Bebauung wird meist der Typus des Hofhauses verwendet, dessen Belichtung und Belüftung durch einen internen Hof erfolgt und das somit geschlossene Außenwände aufweisen kann. Solche Blocküberbauungen mit Hofhäusern sind vor allem in Gegenden mit heißem und trockenem Klima beliebt; sie prägten mesopotamische Städte ebenso wie antike Städte mit dem griechischen Peristylhaus oder dem römischen Atriumhaus, waren charakteristisch für die islamischen Städte Arabiens und Nordafrikas und kamen in Spanien als Patiohaus vor.

Im Unterschied zur Blockrandbebauung weisen die Formen der Blockbinnenbebauung keinen direkten Bezug zum Blockrand und damit zum umgebenden öffentlichen Raum auf, auch wenn sie von diesem her erschlossen werden. Die Zeile als häufige Form muss nicht notwendig vom Blockrand zurücktreten: Bei Ildefons Cerdàs Planungen für Barcelona 1859 etwa folgten zwei Zeilen den zwei gegenüberliegenden Blockrändern und ließen lediglich die übrigen Seiten des Baublocks frei. Im Zuge der „Auflösung der Städte" (Bruno Taut, 1920) mit dem propagierten Wandel der Bebauung „vom Block zur Zeile", wie es Walter Gropius und Ernst May in Diagrammen 1928 und 1929 dargelegt hatten, avancierte der von der Straße abgewandte Zeilenbau zum Paradigma einer hygienischen Blockbebauung. Losgelöst vom Straßenmuster wurde er oftmals in den Siedlungen der 1950er Jahre in asymmetrisch-irregulärer Weise gestaltet.

Punktbebauungen wurden in den Hochhaussiedlungen der 1950er und 1960er Jahre zum beliebten Mittel, um allseitig belüftete Baukörper zu schaffen. Oftmals demonstrativ vom Blockrand abgewendet, um ihre im Grünen gelegene Autonomie von der tradierten Stadt zu demonstrieren, waren sie wie etwa bei den immensen Sanierungsgebieten mit *tower blocks* in Glasgow das einfachste

Mittel, um bei minimalem ökonomischen, planerischen und gestalterischen Aufwand maximale industrielle Wohnraumproduktion zu ermöglichen. Punktuelle Bebauungsarten des Blocks blicken aber auf eine lange Tradition zurück, die vor allem Spielarten der Villa seit dem 16. Jahrhundert umfasst.

Neben den Grundformen von Zeile und Punkt finden sich im Großsiedlungsbau vor allem der Nachkriegszeit auch alle nur erdenklichen Arten von Figuren, deren Gemeinsamkeit in der Abwendung vom Blockrand besteht: Sechseckwaben bei der Siedlung Gröndal in Stockholm von Backström und Reinius 1946, Schlangenlinien bei der Siedlung Les Courtillières bei Paris von Emile Aillaud 1954, Zeilenkraken bei Toulouse Le Mirail von Georges Candilis 1962 oder kubistische Kompositionen beim Märkischen Viertel in Berlin von Müller, Heinrichs und Düttmann 1963. Bei all diesen Formen der Blockbinnenbebauung ist der Raum im Block als öffentlicher Raum konzipiert, der fließend zum öffentlichen Raum der umgebenden Straßen übergeht. Eine solche Bebauungsweise war nur möglich, wenn entsprechend große, zumeist öffentliche oder genossenschaftliche Bauträger über mindestens den gesamten Baublock verfügten.

Eine besondere Bebauungsform stellen Gesamtstrukturen dar, die nicht nur blockübergreifend Superblöcke bilden, sondern auch das Wegenetz miteinbeziehen und somit eine Trennung von Baublock und Straße aufheben. Dazu zählen Megastrukturen des Strukturalismus wie Paris Spatiale von Yona Friedmann 1959 oder die Raumstadt von Eckhard Schulze-Fielitz 1960 sowie des Metabolismus wie Kenzo Tanges Entwurf für die Bucht von Tokio 1960. Bei diesen Gesamtstrukturen ist das Flächensystem von Block und Weg zumeist räumlich in mehreren Ebenen konzipiert. Da dies konstruktiv nur mit enormem Aufwand und geringer Flexibilität zu bewältigen wäre, sind diese Gesamtstrukturen Vision geblieben. Lediglich realisierte Teilbereiche wie etwa das Stadtzentrum von Cumbernauld von Geoffrey Copcutt 1959 machen erfahrbar, wie mit der strukturalistischen Komplexität räumliche Orientierung und funktionale Flexibilität verloren gehen. Dies mögen auch die Gründe sein, warum dem ältesten bekannten Prototyp der Stadt keine goldene Zukunft beschert war: Çatalhöyük aus dem 7. Jahrtausend v. Chr. wies eine zusammenhängende Bebauung ohne Wegesystem auf; die Erschließung erfolgte über die Dächer. Die erste Stadt der Menschheit war also eine Gesamtstruktur, die ohne Wege und Baublöcke auskam – ein Modell, das sich offenkundig nicht als erfolgreich erwiesen hat.

Ein wesentlicher Parameter der Blockbebauung ist die Höhe. Erst mit der Erfindung des Fahrstuhls wurden Höhen von mehr als sechs Geschossen im täglichen Gebrauch rentabel. Dennoch hatte es auch schon zuvor Höhenbeschränkungen gegeben. Wenn etwa im Florenz des 14. Jahrhunderts Geschlechtertürme abgetragen werden mussten, um nicht mit der Höhe des neuen Rathausturms zu konkurrieren, so hatte dies politische Gründe. Musste im Berlin des 19. Jahrhunderts eine Traufhöhe von 22 Metern eingehalten werden, so geschah dies aus hygienischen und feuertechnischen Gründen. Die Höhenbeschränkungen des New Yorker Zoning Law von 1916 erfolgten, um zu große Verschattungen zu vermeiden; mit seinen spezifischen Bestimmungen für zunehmende Höhen im Blockinneren führte es zu der besonderen Form der *set back*-Bebauung.

Die ästhetisch wirksame und damit stadtbildprägende Seite des Baublocks ist die Blockaußenseite mit den Fassaden der Häuser. Entsprechend Größe, Aufteilung und Bebauungstyp des Blocks ist auch das Stadtbild beschaffen: Bei kleinteiliger Bebauung mit einzelnen Stadthäusern auf privaten Parzellen wie etwa am Prinzipalmarkt von Münster erscheint es eher vielfältig und malerisch, bei großen Bauten über den gesamten Baublock auf genossenschaftlichem Grund wie etwa in Amsterdam-Süd wirkt es eher einheitlich und erhaben. Auch wenn die gesuchte künstlerische Wirkung mit den realen Bedingungen zusammenhängen kann wie beispielsweise in der Herleitung einer uniformen Blockbauweise aus den sozialen und politischen Bedingungen der Massengesellschaft bei Karl Scheffler 1903, so finden sich doch vielfach auch kontrafaktische ästhetische Bestrebungen im Städtebau. Die Suche nach Einheitlichkeit in der Blockrandbebauung war oftmals besonders stark, wenn die Besitz- und Konkurrenzverhältnisse vielfältig waren. So liegt nahezu allen Gestaltungsgesetzen seit dem Gesetz zur Bebauung des Campo von Siena 1297 die Absicht zugrunde, die Stadthäuser vieler einzelner Bauherren durch Formregeln zu vereinheitlichen. Eines der radikalsten Beispiele stellt die Bebauung der Rue de Rivoli in Paris ab 1806 dar, deren sich über zahlreiche Blocks hinziehende uniforme Straßenwand zu unzähligen privaten Einzelhäusern gehört, die sich einem kaiserlichen Gestaltgebot in Form eines Musterentwurfs von Percier und Fontaine fügen mussten. Umgekehrt war bei der Bebauung der Innenstadtblöcke von Berlin nach 1990 trotz der Nachfrage von Großinvestoren nach ganzen Blöcken die ästhetische Vorstellung des vielfältigen Stadtbilds so prägend, dass auch in einheitlichem Besitz befindliche Baublöcke mit unterschiedlichen Einzelhäusern bebaut wurden.

Zu einem harmonischen Ausgleich kamen die widerstreitenden Bestrebungen nach Vielfalt und Einheit einerseits bei Bebauungen auf einheitlichem Grund mit hoher künstlerischer Gestaltkonvention wie etwa den britischen *developments*, beispielsweise Charlotte Square in Edinburgh von Robert Adam 1791, und andererseits bei vielfältigem Grundbesitz mit bindender Gestalttradition wie etwa bei frühneuzeitlichen Bürgerstädten, beispielsweise am Marktplatz von Telč aus dem 16. Jahrhundert. Weder dominiert in diesen Fällen das Öffentliche durch totale Einheitlichkeit noch das Private durch totale Vielfalt; beide Bestrebungen sind vielmehr in urbaner Kultiviertheit ausdrucksvoll in der bildfähigen Bebauung des Blocks miteinander verbunden.

SCHLUSS: GRUNDBEDINGUNGEN

Der Baublock bildet neben dem Wegenetz das zentrale Grundelement des Städtebaus. Deshalb unterliegt er allen Einwirkungen, die generell auf die Form der Stadt Einfluss haben wie natürlichen, ökonomischen, sozialen, politischen und kulturellen Faktoren. Innerhalb dieses umfassenden Systems von Bedingungen, die in durchaus unterschiedlicher Stärke und Weise einen Einfluss auf die Gestalt des Baublocks haben können, gibt es aber zwei Faktoren, die unausweichlich auf die Gestalt des Baublocks einwirken: die Art der Fortbewegung, mit der die im Baublock untergebrachten Nutzungen erreicht werden, sowie die funktionalen und konstruktiven Gesetzmäßigkeiten, die einer ökonomischen Raumanordnung zugrunde liegen.

Die über alle historischen Veränderungen hinweg grundlegende menschliche Fortbewegungsart ist das Gehen. Aus dieser prinzipiellen Fußläufigkeit der menschlichen Kultur ergeben sich maximale Blockmaße, die für die alltäglichen Geschäfte erträglich sind. Alle schnelleren Fortbewegungsarten von der Sänfte über den Pferderücken, die Kutsche, die Bahn bis hin zum Automobil (Schiffs- und Flugverkehr haben keinen direkten Einfluss auf das Blocksystem, da sie ohne Verkehrstrassen auf dem Boden auskommen) bilden immer lediglich zusätzliche (und zumeist sozial exklusive) Mobilitätsweisen zur Fußläufigkeit, die stets die primäre menschliche Fortbewegungsart für alltägliche Handlungen bleibt. Allein von den Bedürfnissen beispielsweise des Autoverkehrs her gedachte Erschließungs- und Blocksysteme sind historisch betrachtet eine Ausnahme und in ihrer alltäglichen Funktionalität defizitär. Von dieser anthropologischen Grundbedingung der Fußläufigkeit her besehen ist es daher nicht verwunderlich, dass auch Städte wie Florenz, die auf antiken Blockformen basieren, heute – gerade für den Fußgänger – noch bestens funktionieren, während der autogerechte amerikanische *sprawl* in Hinsicht auf vielfältige urbane Anforderungen heute schon überholt erscheint.

Die ebenfalls über alle historischen Veränderungen hinweg ökonomischste Form der Raumanordnung besteht in der dichten Kombination rechtwinkliger Räume. Schon für die allermeisten Nutzungen eignet sich der rechteckige Raum am besten; zusätzlich lassen sich rechteckige Räume am besten zu Raumkonglomeraten ohne Resträume, den Häusern, zusammensetzen. Aus diesen rechteckigen Häusern wiederum ergibt sich folgerichtig die rechteckige Grundform des Baublocks, der sich wiederum ohne Resträume zur Stadt im rechtwinkligen Straßensystem kombinieren lässt. Diese funktional und konstruktiv unterstützte geometrische Grundbedingung erklärt, warum die meisten Baublöcke im Prinzip einer rechtwinkligen Ausformung folgen, selbst wenn radiale Stadtsysteme andere Blockfigurationen nahelegen würden. Ökonomisch wird dieses System vor allem dann, wenn Wandkonstruktionen zwei Aufgaben zugleich erfüllen, wenn, wie Georg Franck es ausgedrückt hat, „alle Außenwände von Innenräumen wieder zu Innenwänden von Außenräumen werden". Damit ist nicht allein treffend das Zusammenspiel der Räume im Haus, sondern ebenso das Zusammenspiel von Haus, Block und Straßenraum beschrieben. Vor diesem Hintergrund erscheint es nicht verwunderlich, dass auch zu gänzlich unterschiedlichen gesellschaftlichen Zwecken entstandene Stadt- und Blockfigurationen wie beispielsweise die des absolutistischen Turin heute weit besser funktionieren als Blockfigurationen etwa des Großsiedlungsbaus, die in ihrer gestalterischen Willkür die Grundgesetze der ökonomischen Raumanordnung ignorieren.

Bedenkt man diese auf den Baublock stets unausweichlich wirkenden Grundbedingungen der Fortbewegung und der Raumanordnung, so erscheint es wahrscheinlich, dass auch die Städte der Zukunft – trotz alles natürlichen, ökonomischen, sozialen, politischen und kulturellen Wandels, der selbstverständlich ebenfalls seine Spuren in der Ausprägung der Blockgestalt hinterlässt – aus einer Aufteilung in Baublöcke und Wegenetz bestehen werden, und dass die Grundform der prinzipiell rechtwinklige Baublock von nicht zu großen Ausmaßen mit einer zusammenhängenden Blockrandbebauung sein wird.

LITERATUR

Cabestan, Jean-François, La conquête du plain-pied. L'immeuble à Paris au XVIIIe siècle, Picard: Paris, 2004.

Dennis, Michael, Court and Garden from the French Hotel to the City of Modern Architecture. MIT Press: Cambridge, London, 1986.

Geist, Johann Friedrich, Klaus Kürvers, Das Berliner Mietshaus, 3 Bde., Prestel: München, 1980–1989.

Harlander, Tilman (Hg.), Stadtwohnen. Geschichte, Städtebau, Perspektiven, Deutsche Verlags-Anstalt: München, 2007.

Hesse, Michael, Stadtarchitektur. Fallbeispiele von der Antike bis zur Gegenwart, Deubner: Köln, 2003.

Hoepfner, Wolfram, Ernst Ludwig Schwandner, Haus und Stadt im klassischen Griechenland, Deutscher Kunstverlag: München, 1994.

Jacobs, Jane, The Death and Life of Great American Cities, Random House: New York, 1961.

Komossa, Susanne, Han Meyer, Max Risselada, Sabien Thomaes, Nynke Jutten, Atlas of the Dutch Urban Block, Thoth: Bussum, 2005.

Kostof, Spiro, Das Gesicht der Stadt. Geschichte städtischer Vielfalt, Frankfurt am Main: Campus, 1992.

Kostof, Spiro, Die Anatomie der Stadt. Geschichte städtischer Strukturen, Campus: Frankfurt am Main, 1993.

Linn, Björn, Storgårdskvarteret. Ett bebyggelsemönsters bakgrund och karaktär, Statens institut för byggnadsforskning: Stockholm, 1974.

Loyer, François, Paris XIXe siècle. L'immeuble et la rue, Hazan: Paris, 1987.

Martin, Leslie, Lionel March, Urban Space and Structures, Cambridge University Press: London, 1972.

Muratori, Saverio, Studi per una operante storia urbana di Venezia, Istituto poligrafico dello stato: Rom, 1959.

Panerai, Philippe, Jean Castex, Jean-Charles Depaule, Formes urbaines. De l'îlot à la barre, Dunod: Paris, 1977 (dt.: Vom Block zur Zeile. Wandlungen der Stadtstruktur, Vieweg: Braunschweig / Wiesbaden, 1985).

Sonne, Wolfgang, Dwelling in the Metropolis. Reformed urban blocks 1890–1940 as a model for the sustainable compact city, in: Progress in Planning, Bd. 72, 2009, S. 53–149.

Sonne, Wolfgang, Urbanität und Dichte im Städtebau des 20. Jahrhunderts, DOM publishers: Berlin, 2014.

Ungers, O. M., W. H. Goerner, A. A. Ovaska, H. F. Kollhoff, The Urban Block and Gotham City. Metaphors & Metamorphosis, Cornell Summer Session 1976, Studio Press for Architecture: Köln / Willseyville, 1978.

Wüstenrot Stiftung (Hg.), Geschichte des Wohnens, 5 Bde., Deutsche Verlags-Anstalt: Stuttgart, 1996–1999.

BILDNACHWEIS

Abb. 1   Lehrstuhl GTA
Abb. 2, 10, 12 wikimedia commons
Abb. 3   Wolfram Hoepfner, Ernst-Ludwig Schwandner, Haus und Stadt im klassischen Griechenland, München 1994
Abb. 4   Paul Zanker, Pompeji. Stadtbild und Wohngeschmack, Mainz 1995
Abb. 5   Pier Luigi Cervellati, Roberto Scannavini, Carlo De Angelis, La nuova cultura delle città, Mailand 1977
Abb. 6   Julius Posener, Berlin auf dem Wege zu einer neuen Architektur. Das Zeitalter Wilhelms II., München 1979
Abb. 7   Alexander John Youngson, The Making of Classical Edinburgh 1750–1840, Edinburgh 1967
Abb. 8   François Loyer, Paris XIXe siècle. L'immeuble et la rue, Paris 1987
Abb. 9   Danmarks Kunstbibliotek
Abb. 11   Susanne Komossa u. a. (Hg.), Atlas of the Dutch Urban Block, Bussum 2005

ALEXANDER PELLNITZ

DIE STADT – FORMEN UND KONSTANTEN

Die Stadt mit ihren Plätzen, Straßen, Häusern und Höfen, mit ihren Strukturen und Phänomenen kann als das größte Kunstwerk des Menschen angesehen werden.[1] Ihre Bedeutung geht jedoch weit über die eines reinen Kunstwerks hinaus – die Stadt ist der Lebensraum für den in der Gemeinschaft lebenden Menschen und spiegelt zugleich dessen Kultur und Ideale wider, sie ist die entwickeltste kulturelle Leistung des Menschen überhaupt. Dabei gibt es Konstanten, die Jahrhunderte überdauern und immer wieder die Gestalt der Städte bestimmen. Doch so unterschiedlich wie die Kulturen, die Menschen und die Orte, so unterschiedlich sind auch die Bauwerke und die Städte. Diese Dialektik von formalen Konstanten und individueller Erscheinung sollte ein Hauptthema der städtebaulichen Forschung sein und sich immer auf die konkreten Städte in Gegenwart und Geschichte beziehen, um hieraus einen dem jeweiligen Ort angemessenen Städtebau zu entwickeln.

Die Geschichte des Städtebaus in Europa findet ihren ersten Höhepunkt in den griechischen Städten ab dem 6. Jahrhundert v. Chr. In ihnen sind bereits die Grundelemente und Konstanten anzutreffen, die die europäischen Städte bis heute bestimmen: der aus privaten Häusern beziehungsweise Hofhäusern zusammengesetzte Block, die Straße als öffentlicher Raum, die öffentlichen Einrichtungen als aus der Textur heraustretende Monumente und nicht zuletzt der Platz als Versammlungsort der Bürger. Das hippodamische System, die orthogonal rasterförmige, monumentale Stadtanlage, wird im hellenistischen und römischen Städtebau weiterentwickelt und bestimmt immer wieder die Anlage von Städten. Über Jahrhunderte beeinflussen die Texte von Platon und Aristoteles die Stadtvorstellungen in ganz Europa, die Idee der Polis als Ort eines freien Zusammenlebens der Bürger ist Vorbild für die Vision einer bürgerlichen modernen Stadt zu Beginn des 19. Jahrhunderts.

Durch die griechischen Städte beeinflusst sind wohl auch die ersten stadtähnlichen Siedlungen der Kelten im heutigen Süddeutschland.[2] Das planmäßig angelegte Oppidum von Manching an der Ilm besitzt eine rund sieben Kilometer lange Stadtmauer, die 380 Hektar mit bis zu 10.000 Menschen umschließt. Ihr Inneres ist durch Straßen, Parzellierungen und hofartige Anlagen gegliedert.

Die eigentliche Geschichte der Stadt auf dem Gebiet des heutigen Deutschland beginnt jedoch in römischer Zeit. Von der Mitte des 1. Jahrhunderts v. Chr. bis zum Anfang des 5. Jahrhunderts n. Chr. gehören die Territorien westlich des Rheins und südlich der Donau zum Römischen Reich. In diesen germanischen Gebieten werden mehrere Coloniae (Städte) und Dutzende Castra (Militärlager) gegründet. Alle diese Städte und Militärlager sind streng rasterförmig angelegte Planstädte, eingefasst durch mächtige Mauern mit Türmen und Toren. Die Städte werden durch die beiden Hauptachsen Cardo maximus und Decumanus maximus symmetrisch unterteilt. An ihrem Kreuzungspunkt ist das Forum als zentraler repräsentativer Platz angelegt. Neben dem Forum besitzen die großen Städte Tempelanlagen, Thermen und Amphitheater in einer hochentwickelten Bautechnik. Die Militärlager folgen einem ähnlich strengen, jedoch weitaus reduzierteren und einheitlicheren Schema und sind außerhalb ihrer Mauern meist von Zivilsiedlungen umgeben.[3]

Große römische Städte sind das 15 v. Chr. gegründete Augusta Vindelicorum (Augsburg), das zur Hauptstadt der römischen Provinz Raetia wird, die um 100 n. Chr. angelegte Colonia Ulpia Traiana (Xanten) und nicht zuletzt die 50 n. Chr. zur Stadt erhobene Colonia Claudia Ara Agrippinensium (Köln), ab 98 n. Chr. Hauptstadt der Provinz Germania inferior. Ende des 1. Jahrhunderts umfasst die Stadtmauer des römischen Köln etwa 100 Hektar, um das Jahr 200 zählt die Stadt etwa 20.000 Einwohner. Nach der Völkerwanderung wird Köln im Mittelalter zu einer der größten Städte im deutschen Raum, seine beiden römischen Hauptstraßen haben ihre Bedeutung bis heute erhalten. Neben den großen römischen Städten entwickeln sich zahlreiche Militärlager mit ihren Zivilsiedlungen wie zum Beispiel Castra Regina (Regensburg) im Mittelalter zu wichtigen Städten.

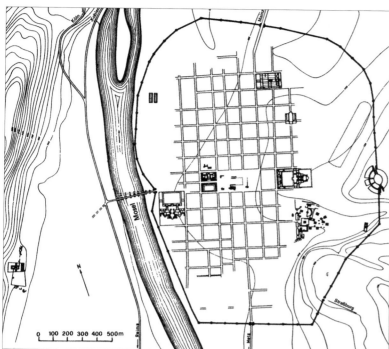

Abb. 1 **Augusta Treverorum (Trier)** im 4. Jahrhundert n. Chr.

Die bedeutendste römische Stadt auf germanischem Gebiet ist jedoch das wohl gegen Ende des 1. Jahrhunderts v. Chr. gegründete Augusta Treverorum (Trier), seit Kaiser Claudius Colonia Augusta Treverorum. Um 100 n. Chr. erhält die Stadt ein Amphitheater, Ende des 2. Jahrhunderts umschließt die gewaltige Stadtmauer mit der berühmten Porta Nigra eine Fläche von 275 Hektar. Ab Ende des 3. Jahrhunderts ist die Stadt einer der drei Regierungssitze des Römischen Reichs und von da an immer wieder Residenz der römischen Kaiser. In dieser Zeit wird die Anlage der Kaiserthermen, eine der größten im Römischen Reich, gebaut. Kaiser Konstantin lässt zu Beginn des 4. Jahrhunderts die große Palastaula, die „Basilika", erbauen, die wie die Porta Nigra Jahrhunderte überdauert. Ende des 4. Jahrhunderts ist die Stadt mit geschätzten 30.000 bis 80.000 Einwohnern die größte Stadt nördlich der Alpen, eine monumentale Stadt der römischen Welt.

In der Zeit der Völkerwanderung – etwa von der Mitte des 4. Jahrhunderts bis zur Mitte des 6. Jahrhunderts – werden die Städte und Lager in Germanien von den Römern aufgegeben; sie bleiben jedoch in den meisten Fällen auf sehr viel kleinerer Fläche weiterhin besiedelt. Im 8. und 9. Jahrhundert entwickeln sich aus einzelnen Pfalzen, Klosteranlagen, Burgen oder Bischofssitzen die ersten mittelalterlichen Städte. Beispiele hierfür sind die Aachener Königspfalz von Karl dem Großen, der mit seinen Bauten an die römische Antike anknüpft, die Hammaburg an der Alster oder der Bischofssitz in Münster.

Durch eine verbesserte landwirtschaftliche Produktion nimmt seit dem Jahr 1000 bis zur großen Pest in der Mitte des 14. Jahrhunderts die Bevölkerung stetig zu. In dieser Zeit werden auf deutschem Gebiet wohl an die 3.000 Städte neu gegründet, meist am Ort bereits vorhandener kleiner Siedlungen. Nur wenige dieser Städte haben mehr als 20.000 Einwohner, unter ihnen sind Köln, Lübeck, Magdeburg, Nürnberg, Straßburg und Augsburg.[4] In den folgenden Jahrhunderten bis heute entstehen nur noch wenige Dutzend neue Städte. Ein großer Teil der im Mittelalter gegründeten Städte wird planmäßig angelegt und parzelliert. Dabei folgen die Straßenführungen meist älteren Wegeverbindungen oder passen sich der Topografie an. Inwieweit auch malerisch geschwungene Straßenzüge bewusst geplant und eingemessen werden, ist Gegenstand von heftigen Debatten.[5]

In den rund 300 Jahren dieser zahlreichen mittelalterlichen Stadtgründungen wandeln sich die Formen der Stadtgrundrisse, Straßenanlagen und Plätze sowie das Verhältnis von Textur und Monumenten immer wieder. Prägende Elemente aller mittelalterlichen Städte sind die Stadtmauern mit ihren Toren, die öffentlichen Plätze mit ihren Rathäusern und die großen Klosterkomplexe innerhalb der Stadtmauern. Kennzeichnend für viele mittelalterlichen Städte ist auch der starke Gegensatz zwischen der Textur der Wohnbebauung und den aufragenden sakralen Monumenten der Stadtkirchen und Dome als Zeichen kirchlicher Macht oder bürgerlichen Selbstbewusstseins.

Für Bamberg als eine der frühesten Neukonzeptionen wird ab 1007 vom späteren Ottonenkaiser Heinrich II. ein monumentales Programm eines Kreuzes aus Kirchen mit dem Dom im Zentrum entwickelt.[6] Diese Konzeption des „ottonischen Kirchenkreuzes" findet sich auch in Hildesheim, Utrecht und Fulda, hier sogar durch eine zeitgenössische Aussage bestätigt.[7] Nicht nur in der Silhouette, sondern auch im Stadtgrundriss spielt der Bezug auf die sakralen Monumente eine große Rolle. In der zweiten Hälfte des 11. Jahrhunderts wird in vielen Städten eine monumentale Marktachse angelegt, die auf eine Kirche oder einen Dom zuläuft, so in Speyer im Jahr 1030, in Würzburg um 1100 oder in Augsburg 1156.

Die Zähringer in Südwestdeutschland sind das erste Fürstengeschlecht, das zu Beginn des 12. Jahrhunderts die Neugründung von Städten für sich zu einer zentralen Aufgabe macht. Ab 1120 lässt Konrad von Zähringen die Stadt Freiburg mit einer Kreuzform aus zwei über alten Wegen liegenden Hauptstraßen anlegen.[8] 1191 wird ebenfalls von den Zähringern die Stadt Bern mit ihrem lang gestreckten Marktraum geplant. Bei weiteren Gründungen der Zähringer dient der Grundriss von Freiburg als Vorbild. Das Kreuz aus zwei breiten Marktstraßen wird zur Grundform von Villingen, Rottweil und Kenzingen. Der kompakte Stadtgrundriss dieser Städte mit einer annähernd runden Stadtmauer wird mit diesem Straßenkreuz wohl besser ausgenutzt als durch eine einzige lange Marktstraße wie in anderen Städten.

Ein weiterer wichtiger Städtegründer ist der Welfe Heinrich der Löwe, Schwager von Konrad von Zähringen, der in der Mitte des 12. Jahrhunderts ebenfalls mehrere bedeutende Städte gründet.

Abb. 2 **STRALSUND**, idealisierter mittelalterlicher Zustand

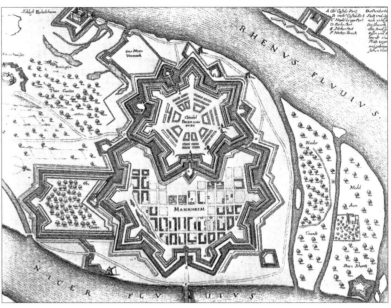

Abb. 3 **MANNHEIM** 1620 (Matthäus Merian 1645)

1158 lässt er München mit einem Straßenkreuz wie bei den Zähringerstädten anlegen; dieses wird jedoch mit einem rechteckigen Platz im Zentrum erweitert, von dem zwei parallele Straßen leiterartig nach Norden ausgehen. Im Folgejahr gründet er Lübeck, wo dieses Leitersystem von zwei untereinander durch Querstraßen verbundenen Parallelstraßen von der Burg im Norden bis zum Bischofssitz im Süden die gesamte Stadt durchzieht. Zu finden ist das System auch in Landshut mit den beiden nacheinander entstandenen Straßenzügen Altstadt und Neustadt.

Im 13. Jahrhundert wird das Leitersystem zu einem rasterförmigen, wenn auch den Mauerverläufen angepassten System weiterentwickelt, so in Berlin, Dresden, Stralsund oder Wismar. In strengerer Form kommt dieses Rastersystem mit einem zentralen Marktplatz zwischen vier Straßen, dem „Ring", schließlich in den neuen Städten im Osten wie Breslau, Elbing oder Kulm zur Anwendung.[9]

Die Idealstadt-Vorstellungen der Renaissance führen im Zeitalter des Absolutismus im 17. Jahrhundert zur Anlage von streng geometrischen Raster- oder perspektivisch angelegten Radialsystemen. Mancherorts wird die bürgerliche Selbstverwaltung mittelalterlicher Städte durch die Herrschaft des Fürsten ersetzt. Neue Feuertechniken machen die Anlagen von riesigen Bastionsanlagen notwendig, die die gesamte Stadt umgeben. Die absolutistischen Städte werden, im Gegensatz zu den vertikalen Dominanten der mittelalterlichen Städte, in der Horizontalen durch das Schloss des Herrschers dominiert. Im Gebiet des heutigen Deutschlands gibt es aufgrund des fehlenden Nationalstaates zahlreiche Fürsten, die sich neue Residenzstädte errichten lassen: als Rasterstadt in Mannheim (1607), als Streifenstadt in Freudenstadt (1632) und schließlich als Radialstadt in Karlsruhe (1751), das „am genauesten Wesenszüge einer Idealstadt" trägt.[10] Berlin wird Ende des 17. Jahrhunderts durch die regelmäßigen Blöcke der Dorotheen- und Friedrichstadt mit dem Gendarmenmarkt großzügig erweitert.

Die barocken geometrischen Systeme werden im Klassizismus von Friedrich Weinbrenner in Karlsruhe, von seinem Schüler Christian Zais in Wiesbaden, von Adolph von Vagedes in Krefeld sowie von Leo von Klenze in der Maxvorstadt von München geschickt

weitergeführt. Eine völlig neue und moderne Stadtvorstellung von frei im Raum zueinanderstehenden und doch sowohl räumlich als auch ideell eng aufeinander bezogenen solitären Kuben entwickelt hingegen Karl Friedrich Schinkel für das Zentrum von Berlin: Mit Altem Museum und Bauakademie gegenüber Zeughaus und Schloss bringt er sein Idealbild einer freien, bürgerlichen Gesellschaft zum Ausdruck.

In der zweiten Hälfte des 19. Jahrhunderts kommt es schließlich mit der auf Grundlage des Hobrecht-Plans von 1862 um das Berliner Zentrum herum errichteten „größten Mietskasernenstadt der Welt"[11] zur hohen Ausnutzung des Bodens durch geschlossene Bebauungen und Hinterhöfe mit zahlreichen Quer- und Seitenflügeln und großer funktionaler und sozialer Durchmischung. Den Hobrecht-Plan charakterisiert ein Raster aus großen Baublöcken – die ursprünglich noch durch weitere Straßen unterteilt werden sollten – mit ebenso großen Plätzen und schnurgeraden Straßen.[12] Trotz ihrer teils hohen Dichte gehören die Quartiere des Hobrecht-Plans bis heute zu den lebenswertesten und beliebtesten überhaupt. Darüber hinaus gibt es in dieser Zeit so unterschiedliche Ansätze wie die offene Bebauung in Dresden-Striesen oder die geschlossene Bebauung im Leipziger Waldstraßenviertel.

Zahlreiche Quartiere der Gründerzeit in den 1880er und 1890er Jahren werden mit einem ähnlich monumentalen und repräsentativen Städtebau wie in Berlin mit Ringstraßen, großen Achsen, strenger Geometrie, *pattes d'oie* (Dreistrahl) und *points de vue* angelegt. Beispielhaft ist hier der östliche Teil des Nordends in Frankfurt am Main zu nennen, bei dem sich alle diese Elemente auf großartige Weise gegenseitig durchdringen, so etwa die Lutherkirche als *point de vue* von einem Strahl eines *patte d'oie*.

Im Gegensatz zu solch einem „monumentalen Städtebau" plädiert Camillo Sitte in seinem 1889 erschienenen Buch für „künstlerische Grundsätze", die er vor allem aus älteren italienischen Städten ableitet.[13] Ihm geht es um die Plätze der Stadt, für die er ein Freihalten der Mitte und eine Geschlossenheit fordert und bei denen die Monumente nicht wie eine „Torte am Präsentierteller" herumstehen sollen.[14] Die Unregelmäßigkeiten alter Plätze hält er für

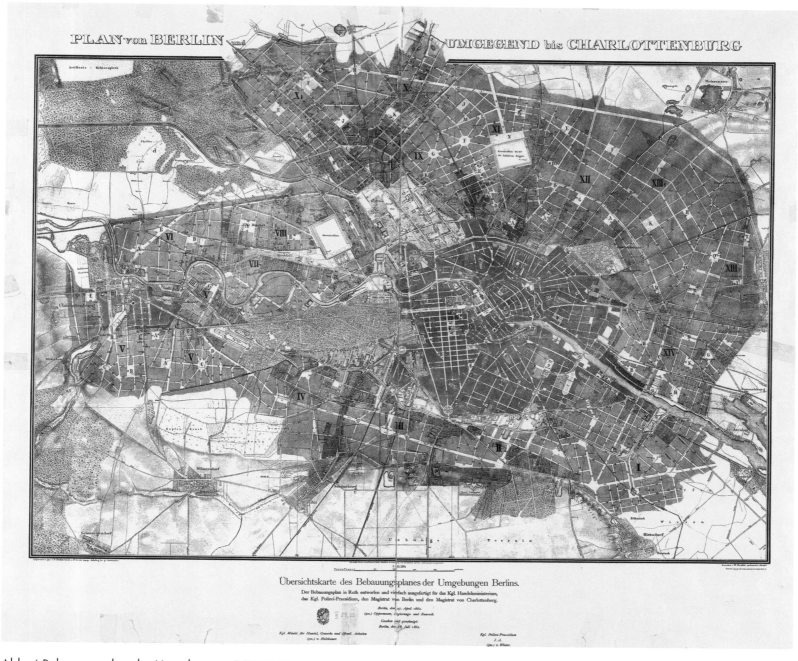

Abb. 4 Bebauungsplan der Umgebungen **BERLINS**
(Hobrecht-Plan) 1862

„durchaus nicht unangenehm", sie verstärken für ihn „das Malerische des Bildes".[15] Treffend beschreibt Sitte schon vor über 130 Jahren eines der Grundprobleme des Städtebaus bis heute: „Beim modernen Städtebau kehrt sich das Verhältnis zwischen verbauter und leerer Grundfläche gerade um. Früher war der leere Raum (Straßen und Plätze) ein geschlossenes Ganze[s] von auf Wirkung berechneter Form; heute werden die Bauparzellen als regelmäßig geschlossene Figuren ausgeteilt, was dazwischen übrigbleibt, ist Straße oder Platz."[16] In der Nachfolge von Sitte steht eine ganze Reihe von Architekten, die einen „malerischen Städtebau" mit geschwungenen Straßen und geschlossenen Platzräumen in die Praxis umsetzen, vor allem Karl Henrici in Aachen oder Theodor Fischer in München.[17]

Die Kritik an den Massenwohnungen des Industriezeitalters führt zu Beginn des 20. Jahrhunderts zur Konzeption von Arbeitersiedlungen und zur Idee der Gartenstadt, wie sie von Ebenezer Howard in England entwickelt wird.[18] In der malerisch angelegten Margarethenhöhe in Essen finden sich sowohl Elemente dieser Konzeptionen als auch die Ideen von Sitte wieder.

Die Avantgarde der Moderne in den 1920er Jahren führt die Kritik an den Mietskasernen des 19. Jahrhunderts weiter bis hin zur Propagierung der Auflösung des Straßenraums und des Baublocks. Neben äußerst strengen Zeilensiedlungen wie Westhausen in Frankfurt am Main von Ernst May oder Karlsruhe-Dammerstock von Walter Gropius entstehen jedoch auch markante städtebauliche Formen und Räume wie bei Mays Römerstadt, Bruno Tauts Hufeisensiedlung oder der Planung für Hamburg-Dulsberg von Fritz Schumacher, bei der die Hofräume eine völlig neue Bedeutung erhalten.[19]

Nach dem Zweiten Weltkrieg wird in einigen Städten der DDR wie Rostock (Lange Straße), Dresden (Altmarkt) und Ost-Berlin (Stalinallee) für kurze Zeit wieder an traditionelle Formen der europäischen Stadt wie Straße, Platz und Stadttor in monumentaler Überhöhung angeknüpft. Das übliche Gegenmodell im Westen – beispielsweise das West-Berliner Hansaviertel – zeichnet sich hingegen durch eine Stadtlandschaft mit frei im Grünen stehenden Hochhäusern, Scheiben und Flachbauten aus. Die dichte, urbane Stadt mit ihren Straßen und Plätzen beginnt hier, sich vollständig aufzulösen, was zu den Großstrukturen der Nordweststadt in Frankfurt am Main oder der Gropiusstadt in Berlin führt. Erst in den 1980er Jahren rückt schließlich die IBA Berlin mit ihrer „behutsamen Stadterneuerung" und der „kritischen Rekonstruktion" des Stadtgrundrisses die jahrhundertealten Grundelemente der europäischen Stadt – Straße, Platz, Block und Hof – wieder ins Zentrum des städtebaulichen Entwurfs.[20]

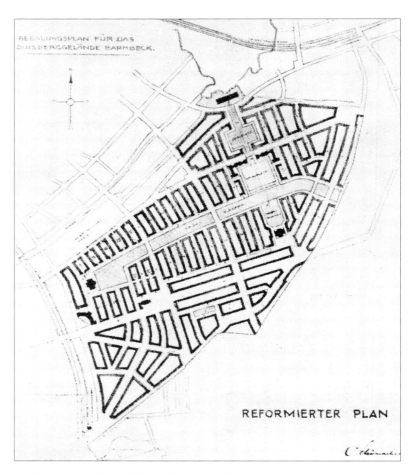

Abb. 5 Fritz Schumacher: Bebauungsplan
HAMBURG-DULSBERG 1930

ANMERKUNGEN

[1] Vgl. Lewis Mumford, The Culture of Cities, New York 1938, S. 5: „With language itself, it remains man's greatest work of art." Mit diesen kurzen Anmerkungen sollen einige der in diesem Handbuch dargestellten Orte stichpunktartig in die Stadtbaugeschichte eingeordnet und die Konstanten und Wandlungen der Stadtformen aufgezeigt werden.

[2] Vgl. Cord Meckseper, Kleine Kunstgeschichte der deutschen Stadt im Mittelalter, Darmstadt 1982.

[3] Vgl. Leonardo Benevolo, Die Geschichte der Stadt, Frankfurt am Main 1983.

[4] Hartmut Hofrichter (Hg.), Stadtbaugeschichte von der Antike bis zur Neuzeit, 1995 (3. Aufl.), S. 51.

[5] Vgl. Klaus Humpert / Martin Schenk, Entdeckung der mittelalterlichen Stadtplanung: Das Ende vom Mythos der „gewachsenen Stadt", Stuttgart 2001; Matthias Untermann (Red.), Die vermessene Stadt. Mittelalterliche Stadtplanung zwischen Mythos und Befund, Deutsche Gesellschaft für Archäologie des Mittelalters und der Neuzeit, Mitteilungsblatt Nr. 15, Lübeck 2004.

[6] Vgl. Wolfgang Braunfels, Abendländische Stadtbaukunst. Herrschaftsform und Baugestalt, Köln 1976, S. 33ff.

[7] Vgl. Braunfels 1976, S. 32ff.

[8] Vgl. Karl Gruber, Die Geschichte der deutschen Stadt. Ihr Wandel aus der geistigen Ordnung der Zeiten, München 1952.

[9] Vgl. Klaus Humpert / Martin Schenk, Entdeckung der mittelalterlichen Stadtplanung. Das Ende vom Mythos der „gewachsenen Stadt", Stuttgart 2001.

[10] Braunfels 1976, S. 153.

[11] Vgl. Werner Hegemann, Das steinerne Berlin. Geschichte der größten Mietskasernenstadt der Welt, Berlin 1930.

[12] Vgl. Johann Friedrich Geist / Klaus Kürvers, Das Berliner Mietshaus, 3 Bände, München 1980 / 1984 / 1989.

[13] Camillo Sitte, Der Städte-Bau nach seinen künstlerischen Grundsätzen, Wien [1889] 1909 (4. Aufl.).

[14] Sitte 1909, S. 33.

[15] Ebd., S. 58.

[16] Ebd., S. 97. Dass Sitte das Straßennetz hingegen für „künstlerisch gleichgültig, weil unauffaßbar" (S. 101) hält, übersieht, dass dieses zwar nicht „überschaut", aber durch die Bewegung im Raum doch in seinem ästhetischen Charakter erfasst werden kann.

[17] Vgl. Karl Henrici, Beiträge zur praktischen Ästhetik im Städtebau, München 1904. Vgl. Theodor Fischer, Sechs Vorträge über Stadtbaukunst, München / Berlin 1920.

[18] Vgl. Ebenezer Howard, Tomorrow. A Peaceful Path to Real Reform, London 1898.

[19] Vgl. Fritz Schumacher, Strömungen in deutscher Baukunst seit 1800, Köln [1935] 1955 (2. Aufl.).

[20] Vgl. Josef Paul Kleihues / Heinrich Klotz (Hg.), Internationale Bauausstellung Berlin 1987: Beispiele einer neuen Architektur, Stuttgart 1987. Vittorio Magnago Lampugnani / Claus Baldus, Das Abenteuer der Ideen. Architektur und Philosophie seit der industriellen Revolution. Internationale Bauausstellung Berlin 1987, Berlin 1984.

BILDNACHWEIS

Abb. 1   Leonardo Benevolo, Die Geschichte der Stadt, Frankfurt am Main 1983, Abb. 430

Abb. 2   Karl Gruber, Die Geschichte der deutschen Stadt. Ihr Wandel aus der geistigen Ordnung der Zeiten, München 1952, Abb. 60

Abb. 3   Matthäus Merian (Hg.), Topographia Palatinatus Rheni et Vicinarum Regionum, Frankfurt am Main 1645, S. 60–61

Abb. 4   Zentral- und Landesbibliothek Berlin

Abb. 5   Fritz Schumacher, Strömungen in deutscher Baukunst seit 1800, Köln [1935] 1955 (2. Aufl.), Abb. 78

LITERATUR (AUSWAHL)

Benevolo, Leonardo, Die Geschichte der Stadt, Frankfurt am Main 1983.

Braunfels, Wolfgang, Abendländische Stadtbaukunst. Herrschaftsform und Baugestalt, Köln 1976.

Brinckmann, Albert Erich, Deutsche Stadtbaukunst in der Vergangenheit, Frankfurt am Main [1911] 1921 (2. Aufl.).

Fischer, Theodor, Sechs Vorträge über Stadtbaukunst, München / Berlin 1920.

Geist, Johann Friedrich / Klaus Kürvers, Das Berliner Mietshaus, 3 Bände, München 1980 / 1984 / 1989.

Gruber, Karl, Die Geschichte der deutschen Stadt. Ihr Wandel aus der geistigen Ordnung der Zeiten, München 1952.

Hegemann, Werner, Das steinerne Berlin. Geschichte der größten Mietskasernenstadt der Welt, Berlin 1930.

Henrici, Karl, Beiträge zur praktischen Ästhetik im Städtebau, München 1904.

Hofrichter, Hartmut (Hg.), Stadtbaugeschichte von der Antike bis zur Neuzeit [1991] 1995 (3. Aufl.).

Howard, Ebenezer, Tomorrow. A Peaceful Path to Real Reform, London 1898.

Humpert, Klaus / Martin Schenk, Entdeckung der mittelalterlichen Stadtplanung. Das Ende vom Mythos der „gewachsenen Stadt", Stuttgart 2001.

Kleihues, Josef Paul / Heinrich Klotz, Internationale Bauausstellung Berlin 1987: Beispiele einer neuen Architektur, Stuttgart 1987.

Lampugnani, Vittorio Magnago / Claus Baldus, Das Abenteuer der Ideen. Architektur und Philosophie seit der industriellen Revolution. Internationale Bauausstellung Berlin 1987, Berlin 1984.

Meckseper, Cord, Kleine Kunstgeschichte der deutschen Stadt im Mittelalter, Darmstadt 1982.

Miller, Toni, Gedanken zur dritten Dimension im Städtebau. Zusammenspiel von Topografie und Gebäuden, Wuppertal 2003.

Mumford, Lewis, The Culture of Cities, New York 1938.

Schumacher, Fritz, Strömungen in deutscher Baukunst seit 1800, Köln [1935] 1955 (2. Aufl.).

Sitte, Camillo, Der Städte-Bau nach seinen künstlerischen Grundsätzen, Wien [1898] 1909 (4. Aufl.).

Stübben, Joseph, Der Städtebau. Handbuch der Architektur, IV. Theil, 9. Halb-Band, Darmstadt [1890] 1924 (3. Aufl.).

Untermann, Matthias (Red.), Die vermessene Stadt. Mittelalterliche Stadtplanung zwischen Mythos und Befund, Deutsche Gesellschaft für Archäologie des Mittelalters und der Neuzeit, Mitteilungsblatt Nr. 15, Lübeck 2004.

BEISPIELE VON HOFRÄUMEN ALS ANLEITUNG ZUM ENTWURF

Hofräume sind die Nebenräume der Stadt. Diesen Nebenräumen ist es zu verdanken, dass sich ein Stadtkörper mit all seinen Qualitäten für ein Zusammenleben von Menschen entwickeln kann. Anders als der öffentliche Straßen- und Platzraum sind diese Nebenräume nicht jedermann zugängig. Meist haben sie eine besondere Funktion, mit der sie den Gebäuden, die sie einfassen, direkt zugeordnet sind. Die hier aufgeführten Beispiele zeigen einen Gewerbehof, einen Schulhof, einen Eingangshof und einen Wohnhof. Alle diese Höfe übernehmen damit Funktionen städtischen Lebens, die für die soziale und funktionale Vielfalt von besonderer Bedeutung sind. Sie dienen als Ergänzungsflächen von Wohn- und Gewerbebauten und sind so ein wesentlicher Bestandteil des städtischen Gemeinwesens. Nach der heutigen

Lärmschutzverordnung sind Gewerbehöfe ausschließlich Gewerbebetrieben vorbehalten und können keine Wohnfunktion übernehmen. Damit ist eine Mischnutzung mit Gewerberäumen im Erdgeschoss und darüberliegenden Wohnungen nicht möglich, obwohl sie schon aus belichtungstechnischen Gründen durchaus sinnvoll ist. Prinzipiell sind Hofräume von Gebäuden umgeben, deren Treppenhäuser direkt in sie hineinführen, und werden über Torhäuser an den öffentlichen Straßenraum angeschlossen. Damit verringern Hofräume in ihrer Addition den Erschließungsaufwand und die Versiegelung von Grund und Boden. Das Entwickeln von städtischen Hofräumen erfordert wie der Städtebau überhaupt architektonisches Wissen. Die hier aufgeführten Beispiele sind in Schnitt und Grundriss vermaßt, um bei der Entwicklung eines Entwurfs exemplarisch für die unterschiedlichen Breiten und Höhen stehen zu können. Der Gewerbehof in Berlin ist speziell für eine Nutzung durch Kleinbetriebe errichtet; die großzügig verglasten

Lageplan M 1: 2.500   0   25   50   75   100   125

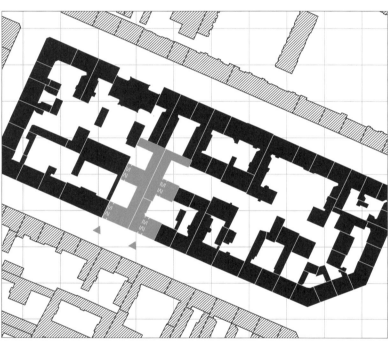

GEWERBEHOF Berlin   **Siehe auch Seite 54**

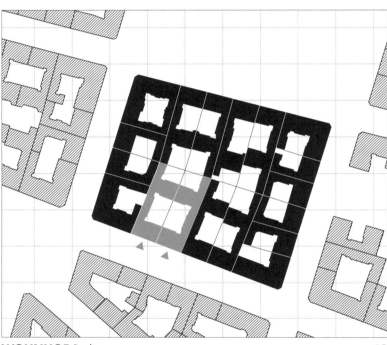

WOHNHOF Berlin   62

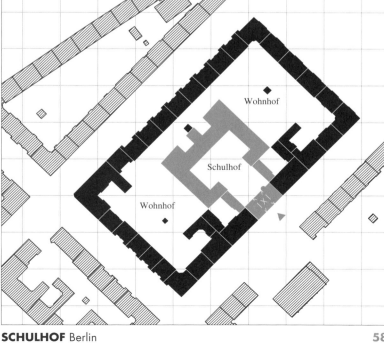

SCHULHOF Berlin   58

EINGANGSHOF Berlin   44

Gewerbeetagen, von denen die vier Höfe umschlossen werden, sehen keine Wohnnutzung vor. Der aufgeführte Berliner Wohnhof dagegen enthält eine Mischnutzung. In einigen der Seitenflügel im Hof findet sich unter dem Wohnen im Erdgeschoss Gewerbe sowie im Vorderhaus auch der eine oder andere Laden. Das Zusammenlegen von bis zu vier Parzellen führt zu 600 Quadratmeter großen Hofanlagen. Wie geschickt unterschiedliche Funktionen in einen Wohnblock integriert werden können, zeigen die Beispiele des Kirchhofs in Trier (Platzräume) und des Schulhofs in Berlin. Der Schulhof in Berlin-Wedding wird von dem Schulgebäude umschlossen und ist damit von den sich anschließenden Wohnhöfen optisch, vor allem aber akustisch getrennt. Die Erschließung des Hofs erfolgt über ein Torgebäude, das mit seiner Straßenfassade als Hauptgebäude zum öffentlichen Raum hin repräsentiert. Obwohl das Beispiel mit seinen Brandwänden architektonisch wenig ansprechend ist, wird ein städtebauliches Prinzip mit Vorbildcharakter dokumentiert. Der Eingangshof im Horstweg Berlin öffnet sich mit einem Garten in die Straße hinein und verleiht damit dem Mietshaus und seinen Hauseingängen einen repräsentativen Charakter. Als halböffentlicher Hof ist er zugleich Vorbild für den Haustyp 9 (siehe Seite 27), mit dem mehrgeschossige Gewerbeanlagen und Parkhäuser ohne Nachteil für die Schönheit von Straßenräumen eingefasst werden können. Hybridhof Eine besonders große städtische Nutzungsmischung stellt der 1927 eröffnete Betriebshof der BVG in Berlin-Wedding dar. Um zu verdeutlichen, wie auch große Gewerbebetriebe ohne Störung für die sie umgebende Wohnbebauung in der Stadt angesiedelt werden können, wird dem Ursprungsentwurf eine zeitgemäße Variante beigefügt. Mit einer Grundfläche von 10.000 Quadratmetern und 20 Wohnhöfen, die den Gewerbebetrieb ohne gegenseitige Störung einfassen, stellt der Entwurf die Möglichkeit einer zeitgemäßen Nutzungsmischung im städtischen Raum dar. Deutlich wird an diesem Beispiel, dass es für die Planung einer Nutzungsmischung in der Stadt architektonischer Konzepte bedarf.

Lageplan M 1: 2.500   0   25   50   75   100   125

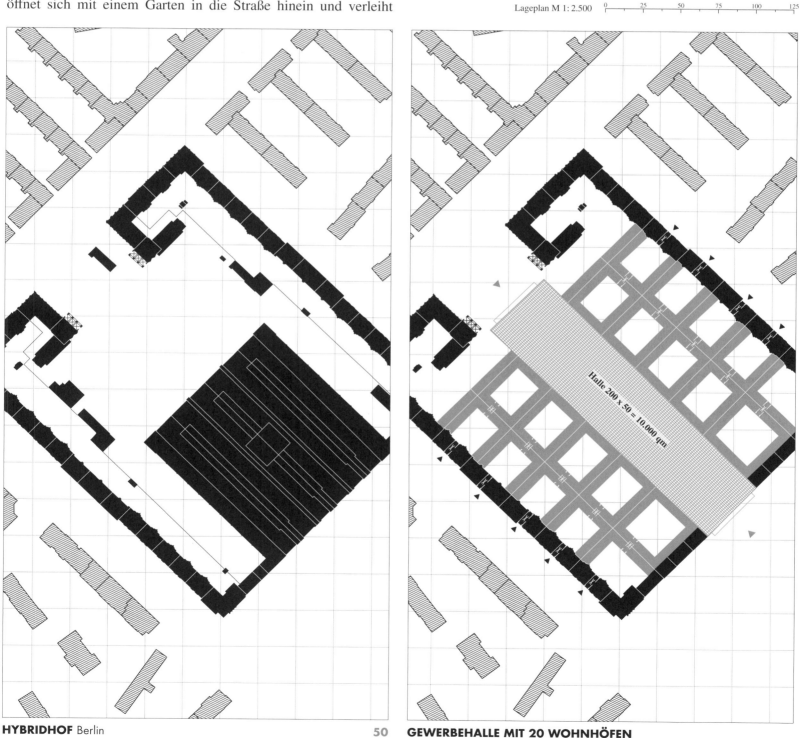

HYBRIDHOF Berlin   50   **GEWERBEHALLE MIT 20 WOHNHÖFEN**

Halle 200 x 50 = 10.000 qm

HOFRÄUME IM VERGLEICH

Die folgenden Darstellungen von Hofräumen sind nach unterschiedlichen Typen und Größen geordnet. Damit soll die Vergleichbarkeit für die Dichte im städtischen Raum ermöglicht werden. Wenn sich die Bedürfnisse unserer Gesellschaft in den vergangenen Jahrhunderten auch scheinbar verändert haben, so wird doch deutlich, dass die Beliebtheit von städtischen Hofräumen in der Stadtgesellschaft groß ist. Man lebt gern an Hofräumen, weil sie eine Erweiterung und Ergänzung der eigenen Wohnfläche darstellen und dabei nicht dem öffentlichen Raum der Straße zugehörig sind. **Mit einer gewissen Einschränkung kann gesagt werden, dass der Hofraum dem Privatgrundstück des Einfamilien- oder Reihenhauses gleichzusetzen ist mit dem Unterschied, dass er einer Gemeinschaft mehrerer Familien dient.** Wie der Gartenraum des Reihenhauses stellt er einen „privaten" Außenraum dar, der eine vielfältige Nutzung zulässt, die im öffentlichen Raum der Straße nicht möglich ist.

Flügelhaus und Dichte im Wohnhof Ein ganz wesentliches Element für die Einwohnerdichte, aber auch für die soziale Vielfalt stellt das Flügelhaus dar. Fehlen den Häusern die rückwärtigen Gebäudeflügel und Anbauten, so wie dies in den sogenannten Reformblöcken, im Siedlungsbau der 1920er Jahre (siehe zum Beispiel Berlin, Wohnstadt Carl Legien, Seite 60) und bei den frei stehenden Wohnhäusern bis in unsere Zeit hinein der Fall ist, geht ihnen nicht nur die Bewohnerdichte, sondern auch die soziale Vielfalt verloren, da das Flügelhaus aufgrund seiner Figuration über unterschiedliche Wohnungsgrößen verfügt. Zugleich werden damit aber auch die Nischen, in denen sich soziale Begegnung entwickeln kann, eliminiert. **Häusern, die ohne Rückseite sind, fehlen wesentliche Angebote für das Leben in der Stadt.**

Ort der Begegnung So ist ein ganz wesentliches Kriterium für den Hofraum die Ermöglichung der Begegnung für die Bewohner der Häuser. **Der Hofraum muss deshalb von den einzelnen ihn umgebenden Wohngebäuden erschlossen sein, wenn er denn als erweiterte Wohnfläche genutzt werden soll.** Im Beispiel der Wohnstadt Carl Legien in Berlin ist diese Erschließung nur eingeschränkt über den Keller möglich. Damit wird der Hofraum zur Grünfläche, die man vom Balkon aus erleben kann, eine Nutzungsmöglichkeit für den Bewohner aber stellt sie nicht dar.

Hofgrößen Je kleiner ein Hofraum ist, desto eher treffen die Anwohner des Mietshauses aufeinander. **Je deutlicher die Zugehörigkeit eines Hofs zu einem Mietshaus ist, desto höher ist die Identifikation der Bewohner mit diesem ihnen zur Verfügung stehenden Raum. Je weniger Menschen im Mietshaus des Hofraums leben, desto eher können spielende Kinder einer in diesem Haus wohnenden Familie zugeordnet werden, desto größer ist also auch die soziale Kontrolle, der ein Hofraum unterliegt.**

Wohnhöfe Mit der Erschließung über die Treppenhäuser wird der Hofraum zu einer privaten Erweiterungsfläche der ihn umgebenden Wohnhäuser. In Zeiten, da beide Elternteile einem Beruf nachgehen, kann der Hof beispielsweise sehr vorteilhaft zum (unbeaufsichtigten) Kinderspiel genutzt werden. **Es bedarf aber einer konsequenten Trennung vom öffentlichen Raum der Straße, um die erforderliche soziale Kontrolle durch die Anwohnerschaft gewährleisten zu können.**

Hoftor In vielen Beispielen ist der Hofraum von der Straße aus mit einer Durchfahrt versehen, die durch ein Hoftor verschlossen ist. Dies erweitert die vielfältige Nutzung des in sich geschlossenen Hofraums und erhöht die Attraktivität der Wohnungen erheblich, weil Fahrradräume und Ähnliches die Nutzung des Hauses ergänzen. **Mit einer Hofeinfahrt besteht auch die Möglichkeit, die hinteren Gebäudeteile mit einem eigenen Treppenhaus zu versehen.**

Hochparterre Wohnhöfe stehen prinzipiell allen Bewohnern eines Hauses zur Verfügung und sollten daher keine Privatgärten haben. Vielmehr müssen die Erdgeschosswohnungen mit einem Hochparterre versehen sein, um Störungen zu vermeiden.

Gewerbehöfe Ähnlich wie der Wohnhof ist der Gewerbehof in der Architektur der Stadt verloren gegangen. **Die Errichtung derartiger „Nebenräume der Stadt" aber bildet die Grundlage einer jeden Nutzungsmischung.** Anders als in der Monostruktur des Bürohauses haben Mieträume in Gewerbehöfen eine sehr viel geringere Fläche und sind damit für die Ansiedlung von Start-up-Unternehmen und kleinen Gewerbebetrieben bestens geeignet. Ähnlich wie beim Wohnhof stellen die Mieter in Gewerbehöfen eine gewisse Gemeinschaft dar.

Hybridhöfe Wenn es die bundesdeutschen Baugesetze zuließen, könnte sich auch die in alten Stadtstrukturen noch immer vorhandene Nutzungsmischung auf einer Grundstücksparzelle neu realisieren lassen. **Gewerberäume in den Erdgeschossen des Hofs oder prinzipiell in rückwärtigen Flügeln sind eine der Voraussetzungen für eine funktional gemischte Stadt.**

BERLIN Ackerstraße, gemischt genutzte Hofhäuser

FLÜGELHAUSTYPEN ALT 19. JH.		FLÜGELHAUSTYPEN NEU 21. JH.		HOFBILDENDE ANORDNUNG	STRASSENFASSADE 7 GESCHOSSE
21 m × 35 m Parzellengröße		**TYP 1** **FLÜGELHAUS KURZ** 21 m Straßenfassade	**21 m × 35 m** Parzellengröße **21 m × 35 m** Hofgröße		21,00
21 m × 35 m Parzellengröße		**TYP 2** **FLÜGELHAUS UND HOFHAUS** 21 m Straßenfassade	**21 m × 35 m** Parzellengröße **21 m × 17 m** Hofgröße		21,00
26 m × 35 m Parzellengröße		**TYP 3** **FLÜGELHAUS LANG** 26 m Straßenfassade	**26 m × 35 m** Parzellengröße **20 m × 23 m** Hofgröße		26,00
20 m × 35 m Parzellengröße		**TYP 4** **FLÜGELHAUS UND HOFHAUS** 26 m Straßenfassade	**26 m × 35 m** Parzellengröße **21 m × 18 m** Hofgröße		26,00
22 m × 46 m Parzellengröße		**TYP 5** **ATRIUMHAUS** 33 m Straßenfassade	**33 m × 35 m** Parzellengröße **22 m × 19,2 m** Hofgröße		33,00
27 m × 35 m Parzellengröße		**TYP 6** **DOPPEL-FLÜGELHAUS** 27 m Straßenfassade	**27 m × 35 m** Parzellengröße **16 m × 25 m** Hofgröße		27,00
		TYP 7 **MITTEL-FLÜGELHAUS** 29 m Straßenfassade	**29 m × 35 m** Parzellengröße **29 m × 24 m** Hofgröße		29,00
		TYP 8 **MITTELFLÜGEL-HAUS UND HOFHAUS** 29 m Straßenfassade	**29 m × 35 m** Parzellengröße **8,6 m × 18,7 m** Hofgröße		29,00
		TYP 9 **STRASSEN-HOFHAUS** 29 m Straßenfassade	**29 m × 16 m** Parzellengröße **17 m × 9,8 m** Hofgröße		29,00

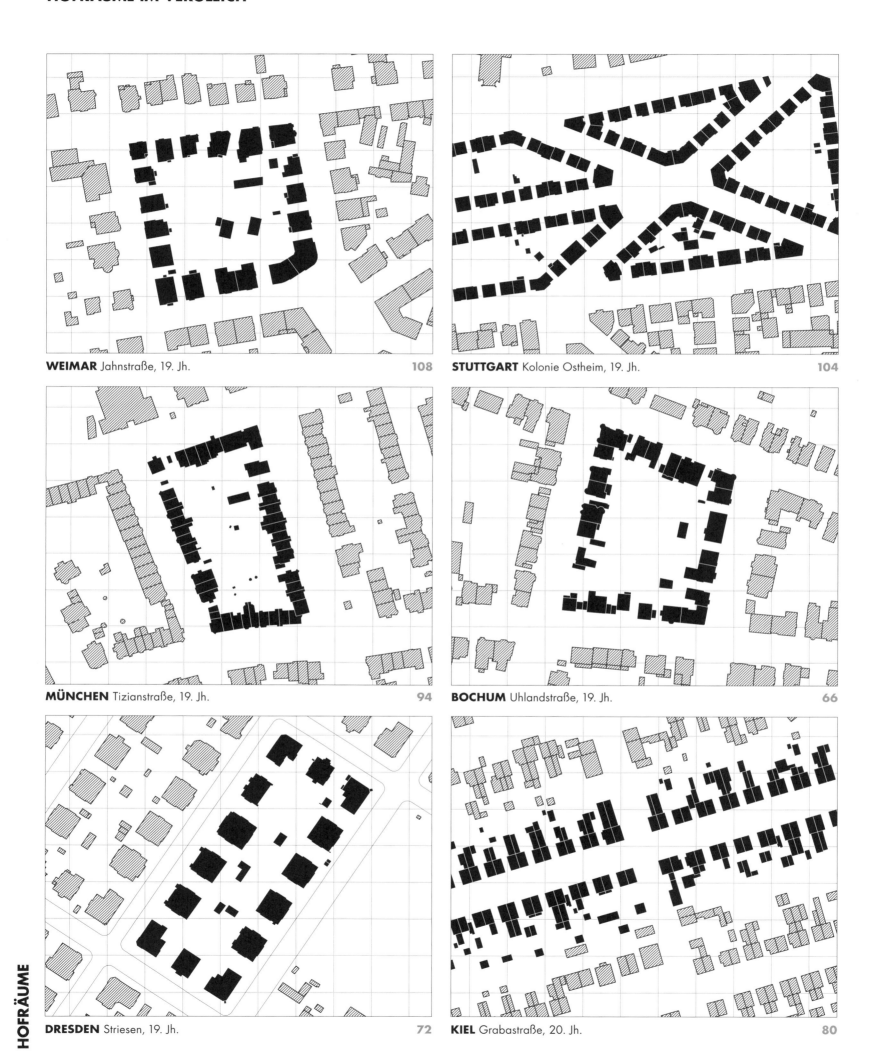

WEIMAR Jahnstraße, 19. Jh.   108

STUTTGART Kolonie Ostheim, 19. Jh.   104

MÜNCHEN Tizianstraße, 19. Jh.   94

BOCHUM Uhlandstraße, 19. Jh.   66

DRESDEN Striesen, 19. Jh.   72

KIEL Grabastraße, 20. Jh.   80

HOFRÄUME

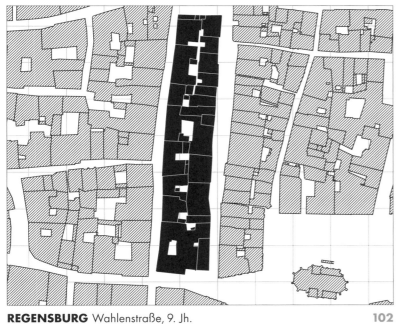

REGENSBURG Wahlenstraße, 9. Jh.   **102**

NÜRNBERG Weinmarkt, 15. Jh.   **96**

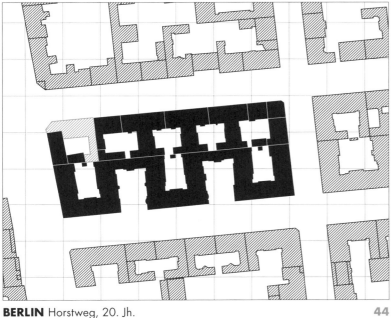

BERLIN Horstweg, 20. Jh.   **44**

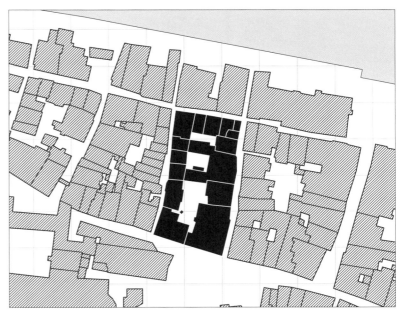

PASSAU Kleine Messergasse, 12. Jh.   **98**

LÜBECK Engelsgrube, 13. Jh.   **88**

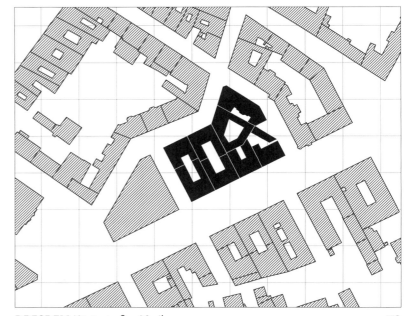

DRESDEN Königstraße, 18. Jh.   **70**

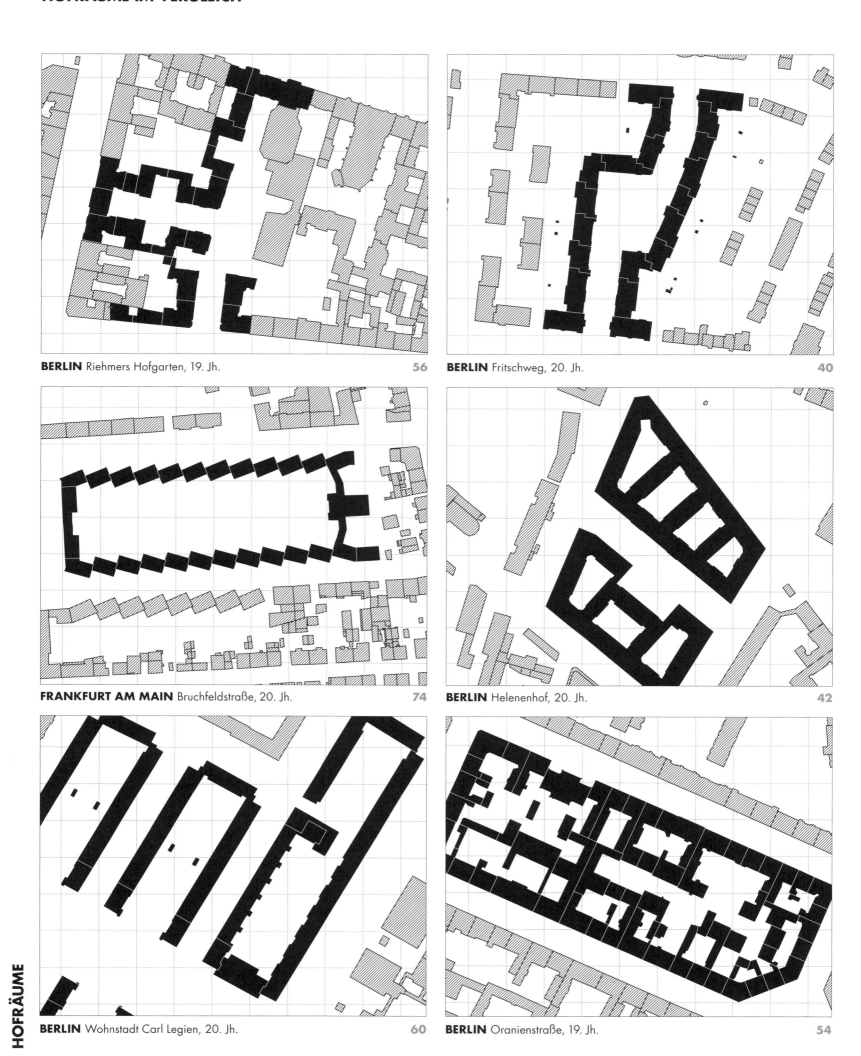

BERLIN Riehmers Hofgarten, 19. Jh.   56

BERLIN Fritschweg, 20. Jh.   40

FRANKFURT AM MAIN Bruchfeldstraße, 20. Jh.   74

BERLIN Helenenhof, 20. Jh.   42

BERLIN Wohnstadt Carl Legien, 20. Jh.   60

BERLIN Oranienstraße, 19. Jh.   54

HOFRÄUME

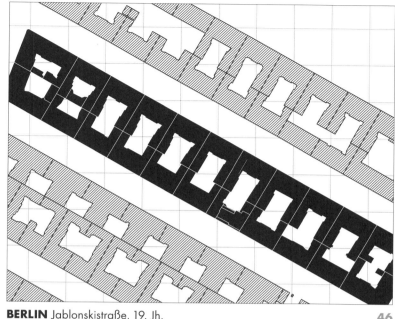

BERLIN Jablonskistraße, 19. Jh.　　　　　**46**

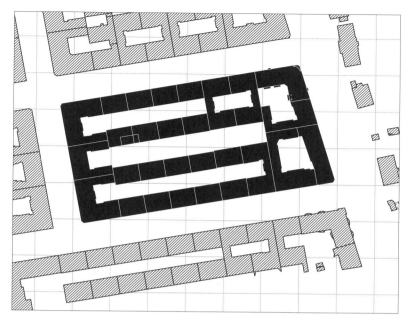

BERLIN Okerstraße, 19. Jh.　　　　　**52**

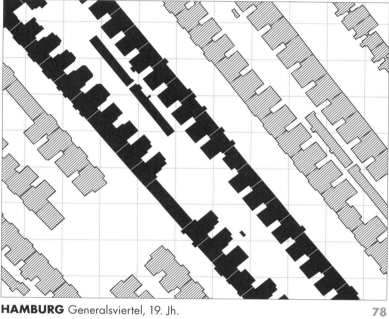

HAMBURG Generalsviertel, 19. Jh.　　　　　**78**

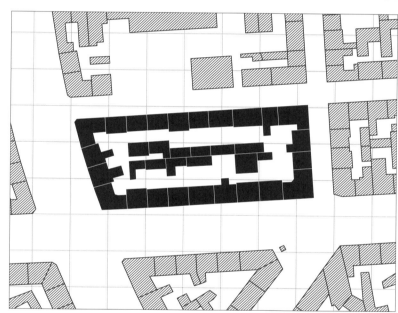

WIESBADEN Adelheidstraße, 19. Jh.　　　　　**110**

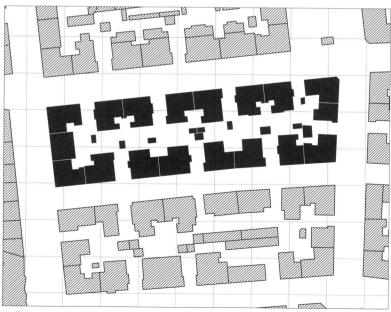

MÜNCHEN Herzogstraße, 19. Jh.　　　　　**92**

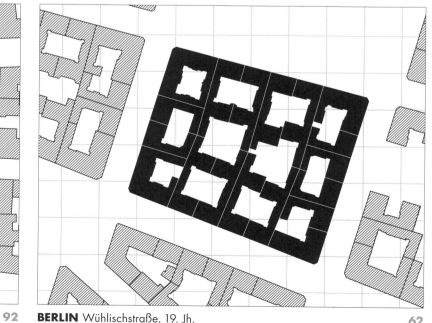

BERLIN Wühlischstraße, 19. Jh.　　　　　**62**

HAMBURG Falkenried-Terrassen, 19. Jh.　　76

AUGSBURG Fuggerei, 16. Jh.　　34

KIEL Hollwisch, 20. Jh.　　82

STUTTGART Mozartstraße, 19. Jh.　　106

MÜNCHEN Borstei, 20. Jh.　　90

BOCHUM Elsaßstraße, 20. Jh.　　64

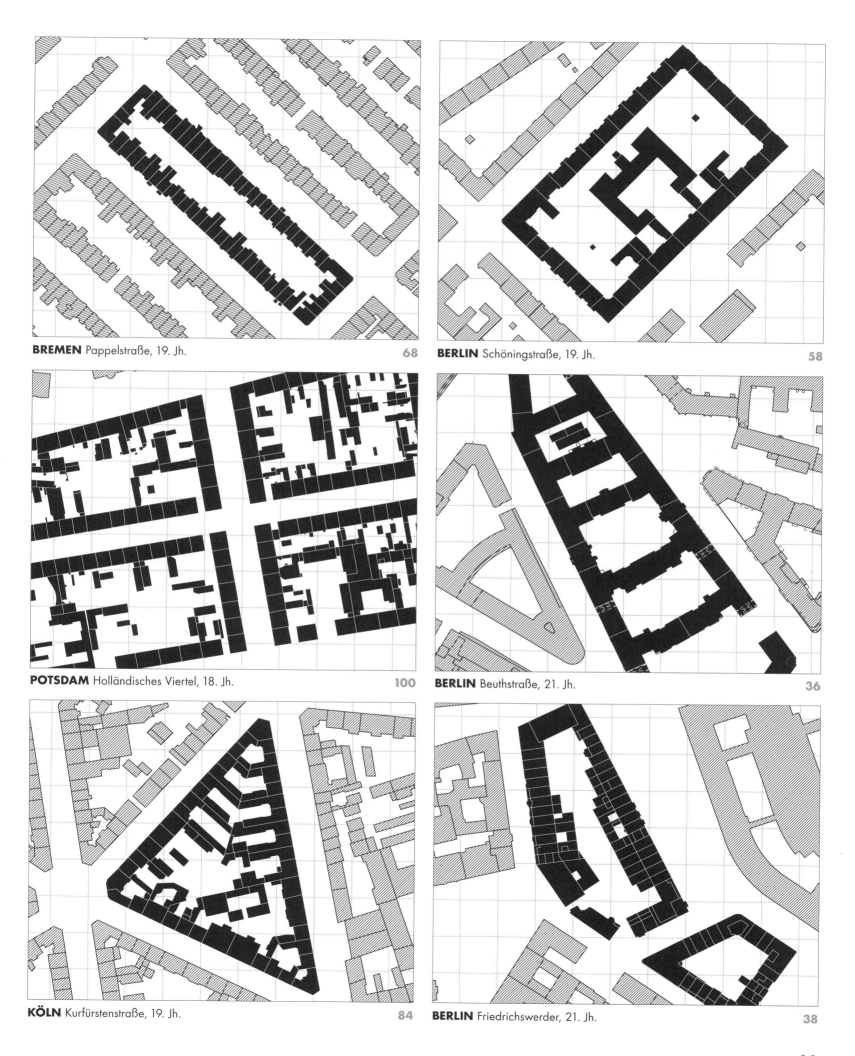

BREMEN Pappelstraße, 19. Jh.   68

BERLIN Schöningstraße, 19. Jh.   58

POTSDAM Holländisches Viertel, 18. Jh.   100

BERLIN Beuthstraße, 21. Jh.   36

KÖLN Kurfürstenstraße, 19. Jh.   84

BERLIN Friedrichswerder, 21. Jh.   38

AUGSBURG
FUGGEREI

Die Fuggerei bildet im Innenbereich ein geometrisch unregelmäßiges Gassennetz aus, zu dem sich zweigeschossige Typenreihenhäuser mit traufständigen Satteldächern orientieren. Im Netz aus nahezu orthogonal zueinanderstehenden Gassen ist die Herrengasse die Hauptstraße. Ihre Kreuzung mit der Mittleren Gasse (1) bildet einen der zentralen Orte, ausgestattet mit einem Brunnen. Ein kleiner Platz gegenüber der zur Fuggerei gehörigen St. Markus-Kirche hinter dem Eingangsbauwerk am Beginn der Herrengasse (2) stellt das zweite Zentrum der städtebaulichen Anlage dar. Hier befindet sich auch ein Durchgang zu

einem kleinen Park des heutigen Quartiers. Die Typenreihenhäuser an der Finsteren Gasse, Mittleren Gasse und Ochsengasse sind mit ihren Eingangsseiten stets zu den Binnengassen orientiert. Die privaten, oft sehr kleinen Gärten liegen zu den rückseitigen Freiflächen. In den südlichen Zuwegungen Neue Gasse, Hintere Gasse und Gartengasse ist die Trennung von öffentlichem Zugang und privatem Garten aufgegeben. Die Gärten sind nur an der östlichen Gartengasse (3), wo sie von einer Mauer von der Gasse getrennt sind, störungsfrei nutzbar. **Die Fuggerei stellt eine zweigeschossige Reihenhausanlage dar, die eine städtebauliche Einheit bildet und als innerstädtischer Entwurf unter Anpassung an die Bedürfnisse unserer Zeit in die Gegenwart übertragbar erscheint. Die Gassen mit ihren Hauseingängen in typisierten (Reihen-)Häusern stehen für ein soziales Miteinander der Bewohner einer solchen städtebaulichen Anlage.**

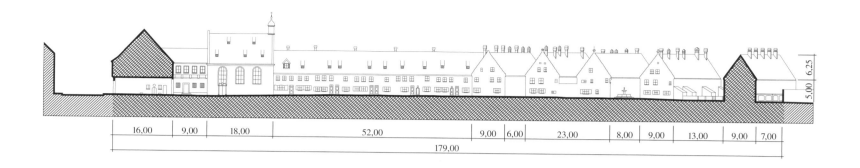

| 16,00 | 9,00 | 18,00 | 52,00 | 9,00 | 6,00 | 23,00 | 8,00 | 9,00 | 13,00 | 9,00 | 7,00 |

179,00

Schnitt und Grundriss M 1 : 1.000   0 5 10   20   30   40   50

BERLIN
BEUTHSTRASSE

Das Konzept der Beuth-Höfe von Tobias Nöfer dokumentiert eine neuzeitliche Bebauung, deren Innenhöfe man mit etwa 300 Quadratmetern als besonders großzügig bezeichnen kann. Das Erschließungssystem entspricht dem der Bebauung an der Berliner Jablonskistraße, in der die Höfe zwischen zwei parallel verlaufenden Straßen liegen. Wie in der Jablonskistraße (siehe Seite 46) teilen sich mehrere Häuser auf unterschiedlichen Parzellen einen Hof. Die besondere Größe der Höfe führt dazu, dass in den beiden größten Höfen zwei der Häuser direkt über die Hofanlage erschlossen werden.

Dazu befinden sich in den Häusern zur Straße große Durchfahrten. Um in den Höfen die notwendige Privatheit für die Bewohner gewährleisten zu können, werden sie mit Toranlagen verschlossen. Die Häuser zur Straße sind in ihrer Fassade so gegliedert, dass sie als Einzelhäuser mit großen zweigeschossigen Eingangshallen eine eigene Identität im städtischen Raum entwickeln. In den Innenhof hinein verfügen die Wohnungen nach Süden über großzügige Balkone. An den Innenhöfen sind die Häuser zum Teil mit Sockelgeschossen ausgestattet, in denen sich die notwendigen Nebenräume befinden. Die Innenhöfe verfügen über großzügige Grünflächen und haben als Erweiterung der Wohnungen eigene Kinderspielplätze.

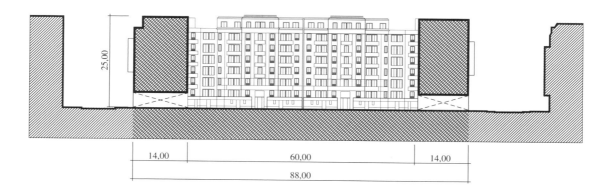

25,00

14,00   60,00   14,00

88,00

0   25   50   75   100   125

0 5 10   20   30   40   50

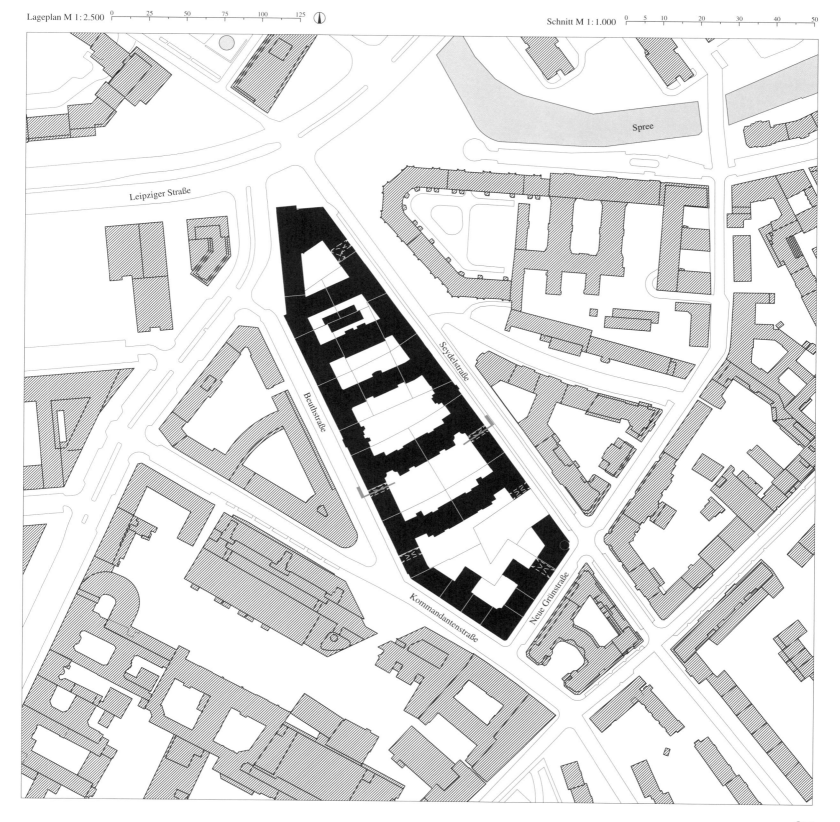

Leipziger Straße

Spree

Beuthstraße

Seydelstraße

Kommandantenstraße

Neue Grünstraße

BERLIN FRIEDRICHSWERDER

Die Wiederbebauung zweier durch das historische Wegenetz definierter Blöcke nach Kriegszerstörungen auf dem Friedrichswerder in Berlin-Mitte zeichnet sich durch eine kleinteilige Parzellierung gegenüber dem baulichen Kontext aus. Über einen Masterplan wurden dafür verschiedene Typen von vier- bis fünfgeschossigen Reihenhäusern (sogenannte Townhouses) auf schmalen, aber tiefen Parzellen festgesetzt und durch einzelne Architekten individuell ausgeführt. Die Eckparzellen sind dagegen drei- bis viermal größer und mit Geschosswohnungsbau und Läden im Erdgeschoss belegt. Die Ausrichtung der

Häuser folgt der historischen Straßenführung. So wurde die Fläche zwischen Caroline-von-Humboldt-Weg und Kurstraße an der ehemaligen Reichsbank in eine Grünfläche umgewidmet. Diejenigen Haustypen, die zu dieser Grünfläche orientiert sind, besitzen einen Vorgarten, meist mit privatem Parkplatz und/oder einer Garagenzufahrt. **Alle Häuser verfügen über einen rückseitigen privaten Garten in den Grenzen ihrer Parzelle und zusätzlich, je nach Tiefe der Parzelle, über eine niedrigere Hofbebauung. Der Gesamtblock hat damit einen durchgehend begrünten Innenhofraum, dessen Einzelparzellen durch Hecken voneinander getrennt sind. Dieser neue Blocktyp mit individuellen Häusern ist beispielhaft für innerstädtisches Wohnen im eigenen Haus.**

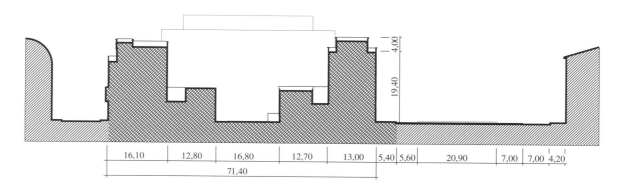

| 16,10 | 12,80 | 16,80 | 12,70 | 13,00 | 5,40 | 5,60 | 20,90 | 7,00 | 7,00 | 4,20 |

71,40

Lageplan M 1:2.500   0   25   50   75   100   125

Werderscher Markt

Jägerstraße

Oberwallstraße

Caroline-von-Humboldt-Weg

Hausvogteiplatz

Niederwallstraße

Kleine Jägerstraße

Kurstraße

Schnitt und Grundriss M 1:1.000   0   5   10   20   30   40   50

20,00

6,50
6,50
6,50
6,50
6,50
6,50
6,50
6,50
6,50
6,50
6,50
6,50

163,00

26,00

Marrokanische Botschaft

| 8,30 | 8,30 | 14,60 | 8,40 |

39,60

39

BERLIN
FRITSCHWEG

Die Wohnanlage am Fritschweg wurde 1908 von Paul Mebes geplant. Ähnlich dem Berliner Helenenhof entsteht hier der halböffentliche Innenraum der Anlage, indem ein städtischer Block mit einer Kantenlänge von etwa 200 × 200 Meter mittig mit einer Erschließungsstraße, dem Fritschweg, durchschnitten und von Wohnhäusern eingefasst wird. Den Auftakt am Eingang der Anlage bilden jeweils zwei symmetrisch angelegte Torhäuser aus Ziegelstein, die an ihren Stirnseiten mit Erkern versehen sind. Diese Kopfbauten haben, anders als die Vorgärten der Häuser am Fritschweg, eine Einfriedung, die den Torcharakter in den halböffentlichen Innenraum der Wohnanlage zusätzlich verstärkt. **Die Gesamtanlage ist durch die Anlage von Vorder- und Rückseiten charakterisiert. Am Fritschweg befinden sich die Vorderseiten mit ihren Eingangsfassaden aus Ziegelstein. Die Rückseiten bilden verputzte Hoffassaden, an die Hofgärten anschließen. Darüber hinaus sind die Frontfassaden, anders als die Hoffassaden, mit Erkern, Loggien, Giebeln und Eckhäusern strukturiert, um dem halböffentlichen Innenraum Fritschweg einen städtischen Charakter zu verleihen. Dabei vermittelt die Vertikalgliederung der Straßenfassaden das Erscheinungsbild von Einzelhäusern.** Die Wohnanlage steht damit im Gegensatz zu der 20 Jahre jüngeren Berliner Wohnstadt Carl Legien (siehe Seite 60), in der die Hausfassaden der ähnlich langen Straßenräume ungegliedert sind und damit erst deren Siedlungscharakter entwickeln können.

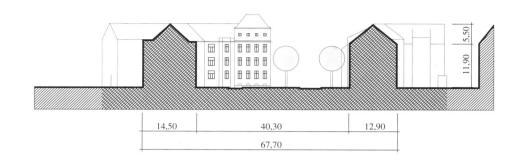

| 14,50 | 40,30 | 12,90 |

67,70

5,50

11,90

Lageplan M 1:2.500 0 25 50 75 100 125

Schnitt und Grundriss M 1:1.000 0 5 10 20 30 40 50

29,95

76,60

16,90

29,75

14,20

Rückertstraße

Fritschweg

13,55

30,15

18,75

18,65

123,70

21,65

20,95

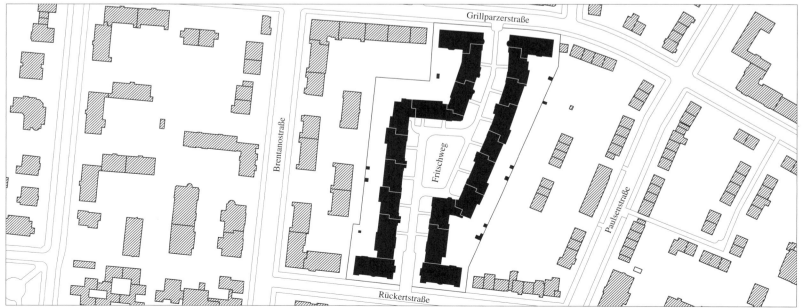

Grillparzerstraße

Brentanostraße

Fritschweg

Paulsenstraße

Rückertstraße

BERLIN
HELENENHOF

Das hervorstechende Merkmal des Helenenhofs ist die Teilung der fünfgeschossigen Bebauung in zwei etwa gleiche Binnenblöcke durch einen begrünten Hofraum, der vom öffentlichen Straßenraum mit einer Toranlage abgetrennt ist und dadurch zu einem privaten, großzügig begrünten Erschließungshof mit eigenem Kinderspielplatz geworden ist. Dieser Raum besitzt denselben Querschnitt wie die ihn umgebenden Straßen, ist aber in seiner Mitte zu einem in der Grundfläche annähernd quadratischen Hof aufgeweitet. **Die gesamte Blockbebauung stammt aus einheitlicher Planung für einen einzigen** Bauherrn, trotzdem sind die Fassaden als individuelle Einzelhäuser mit leichten Vor- und Rücksprüngen sowie Zwerchgiebeln deutlich ablesbar gestaltet. Obwohl es sich um eine städtebauliche Gesamtanlage handelt, gibt es, wie bei individuell parzellierten Blöcken, keine Verbindung zwischen den benachbarten Innenhöfen. Jeder Hofraum ist als eigene Einheit konzipiert und fördert damit den sozialen Zusammenhalt seiner Bewohner. Dieser Typus einer Hofbebauung stellt eine interessante Variante zu den typischen Gründerzeitbebauungen dar, weil es zusätzlich zu den Einzelhöfen an den Häusern eine zentral angeordnete Fläche für die Anlieger gibt, die einen großzügig parkartigen, von der Straße abgetrennten Zentralhof mit eigenem Kinderspielplatz beinhaltet.

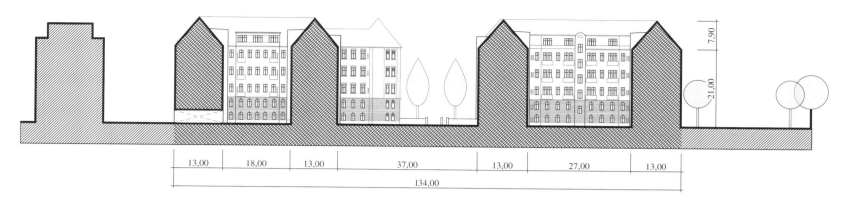

| 13,00 | 18,00 | 13,00 | 37,00 | 13,00 | 27,00 | 13,00 |

134,00

7,90

21,00

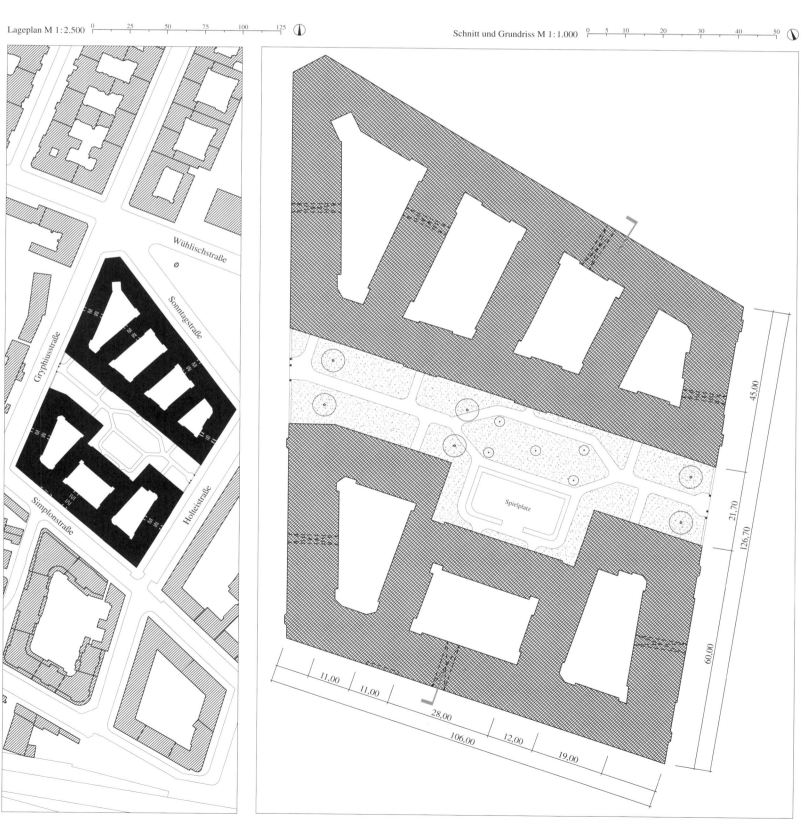

Lageplan M 1:2.500

0 25 50 75 100 125

Schnitt und Grundriss M 1:1.000

0 5 10 20 30 40 50

Wühlischstraße

Sonntagstraße

Gryphiusstraße

Holteistraße

Simplonstraße

Spielplatz

45,00

21,70

126,70

60,00

11,00 11,00

28,00

106,00 12,00 19,00

BERLIN
HORSTWEG

Unter den Beispielen von Hofräumen stellt der zu Beginn des 20. Jahrhunderts entstandene Horstweg von Paul Mebes eine Besonderheit dar. Durch eine Art Mäanderform werden parallel zum Straßenraum auf einer Länge von 156 Metern fünf Höfe gebildet. Drei von ihnen liegen im rückwärtigen Bereich der Mietshäuser, zwei aber stellen sich als üppig begrünte Eingangshöfe dar. Sie rhythmisieren die Bebauung an der Straße und verleihen dem Straßenbild eine gewisse Großzügigkeit. Im Straßenraum wechseln sich Mietshausfassaden mit baumbestandenen Gartenhöfen ab. Die Grundrisse der Häuser sind so organisiert, dass alle Wohnräume zur Straße und in die Gartenhöfe hinein orientiert sind. In den nur zwölf Meter breiten rückwärtigen Höfen befinden sich die Nebenräume der Wohnungen. Diese Orientierung der Wohnungen in die Eingangshöfe hinein wird durch Erker, Loggien und große Balkone unterstrichen, die der Bebauung einen großstädtischen Charakter verleihen. **Das Beispiel verdeutlicht, wie städtische Bebauungen mit großzügigen Gartenhöfen am öffentlichen Straßenraum kombiniert werden können, ohne dass dabei eine offene Bebauung mit Einzelhäusern gewählt werden muss. Darüber hinaus verfügen die Mietshäuser zusätzlich über jeweils einen rückwärtigen Hof, der vom öffentlichen Raum der Straße getrennt ist und als Ergänzungsfläche zu den Wohnungen genutzt werden kann.**

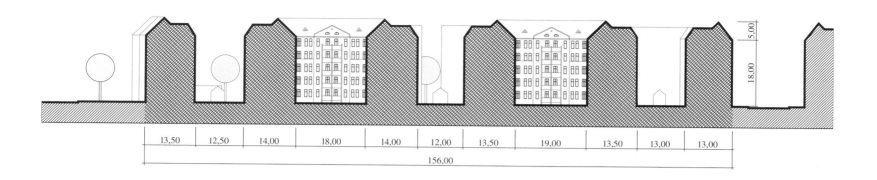

| 13,50 | 12,50 | 14,00 | 18,00 | 14,00 | 12,00 | 13,50 | 19,00 | 13,50 | 13,00 | 13,00 |

156,00

Lageplan M 1:2.500   0   25   50   75   100   125   Schnitt und Grundriss M 1:1.000   0   5   10   20   30   40   50

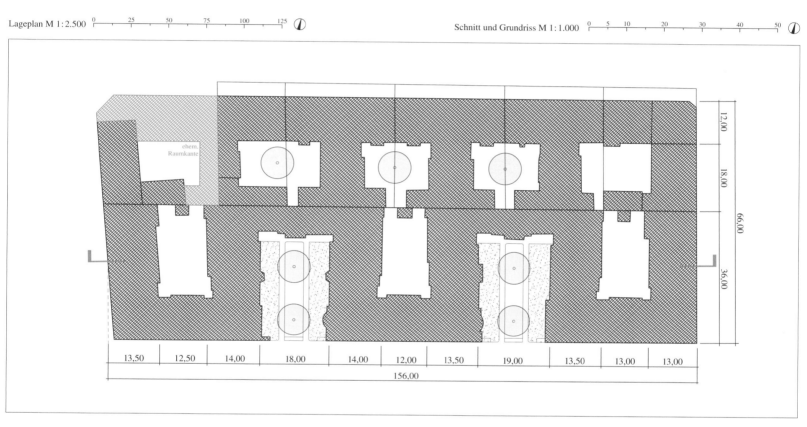

ehem. Raumkante

12,00
18,00
66,00
36,00

| 13,50 | 12,50 | 14,00 | 18,00 | 14,00 | 12,00 | 13,50 | 19,00 | 13,50 | 13,00 | 13,00 |

156,00

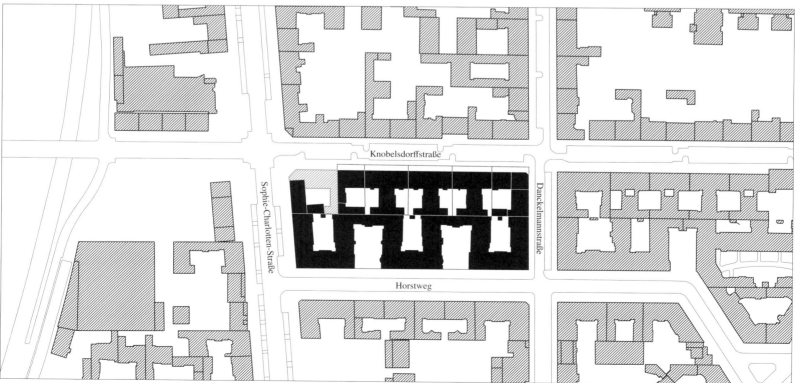

Knobelsdorffstraße

Sophie-Charlotten-Straße

Danckelmannstraße

Horstweg

BERLIN JABLONSKISTRASSE

Der Gründerzeitblock ist einer von vier gleichen Blöcken, deren längliche Form durch den parallelen und verhältnismäßig nahen Verlauf der Jablonski- und der Chodowieckistraße erzeugt wird. Die Unterteilung der Langseiten in elf Parzellen gleicher Breite und gleicher Tiefe bedingt die Bebauung mit immer demselben Haustyp; lediglich auf den zwei größeren Grundstücken am Kopfende des Blocks findet sich ein anderer (Eck-)Haustyp. Beim Haustyp in der Reihe handelt es sich um ein fünfgeschossiges Mietshaus mit einer zweispännigen Haupterschließung im Vorderhaus. Die beiden großen Wohnungen

erstrecken sich vom zweiseitig belichteten Vorderhaus jeweils bis in einen rückwärtigen Seitenflügel hinein, in dem auch die vom Hof zugängliche Dienstbotentreppe liegt. Am Schnittpunkt von Vorderhaus und Seitenflügel liegt das „Berliner Zimmer", dessen ungünstige Belichtung durch seine Raumhöhe von über drei Metern wettgemacht wird. Da alle Häuser demselben Typ angehören, stoßen die grenzständigen Seitenflügel eines Hauses seitlich und rückwärtig stets auf die Seitenflügel seiner Nachbarhäuser, wodurch sichtbare blinde Brandwände vermieden werden. **Trotz ihres hohen Erschließungsaufwandes ist die Jablonskistraße aufgrund ihrer Doppelhöfe aufgeführt. Jeweils zwei gegenüberliegende Häuser auf unterschiedlichen Parzellen bilden einen einzigen größeren Innenhofraum, der durch eine niedrige Mauer auf der Parzellengrenze in zwei Teile getrennt wird.**

Schnitt und Grundriss M 1:1.000   0 5 10   20   30   40   50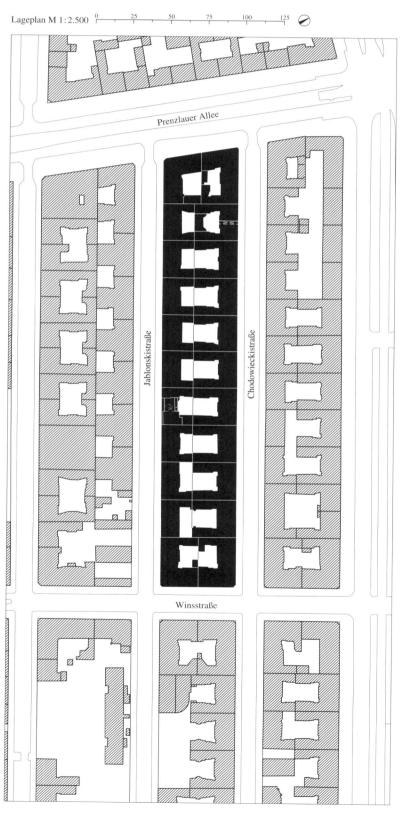

4,00

18,00

4,80 9,80 4,50   13,00   24,00   13,00   4,60 10,00 4,40
50,00

Lageplan M 1:2.500   0   25   50   75   100   125

Prenzlauer Allee

Jablonskistraße

Chodowieckistraße

Winsstraße

14,00   38,80
11,00   25,30
15,50
10,80   25,80
13,20
13,00   25,40
13,00
11,10   25,20
14,10
11,80   25,20
13,90
11,80   25,70
12,60
13,40   25,40
13,60
5,30   25,60
20,00
10,70   25,40
20,40

302,00

BERLIN KOCHHANNSTRASSE

Bei dieser Hofanlage handelt es sich um einen sogenannten Reformblock, der von Alfred Messel Ende des 19. Jahrhunderts entwickelt wurde. Er entstand aus der problematischen Erfahrung zu enger Innenhöfe. Die den Hof einfassende Bebauung hat keine Anbauten, was dazu führt, dass der gesamte Block einen einzigen Hof bildet. Etwa 20 Mietshäuser nutzen die Hofanlage. **Das Beispiel zeigt, wie der Hof durch den Entfall rückwärtiger Anbauten an die städtischen Häuser in seiner Fläche zu groß wird und dadurch eine gewisse Anonymität entwickelt.** Der einzelne, von Flügelbauten eingefasste und

einem jeden Haus individuell zugeordnete Hofraum bietet dagegen seinen Bewohnern Identität und verfügt zudem über eine bessere soziale Kontrolle. Obwohl eine klare Trennung zum öffentlichen Raum der Straße besteht, die im Hof zu einer gewissen Privatheit führen müsste, stellen die Größe und die unüberschaubare Anzahl der Anwohner des Hofs ein Problem dar. Aus derartigen Reformblöcken entwickelten sich die Hofanlagen des Siedlungsbaus von Ernst May (Frankfurt / Main, Bruchfeldstraße) und Bruno Taut (Berlin, Wohnstadt Carl Legien), bei denen der Hof nicht mehr dem einzelnen Haus zugeordnet ist, nur noch über den Keller erreicht werden kann und so zur Grünfläche degradiert wird. **Das Beispiel verdeutlicht außerdem, welche Anmutung die von Messel entworfenen Hausfassaden gegenüber den später hinzugefügten Gebäuden haben und welche Bedeutung der gegliederten Fassade im Städtebau zukommt.**

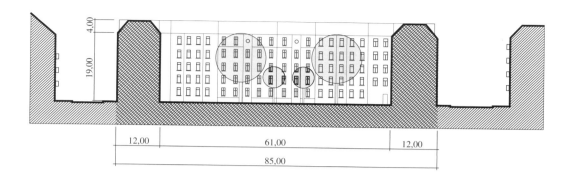

4,00
19,00

12,00　　　　　61,00　　　　　12,00

85,00

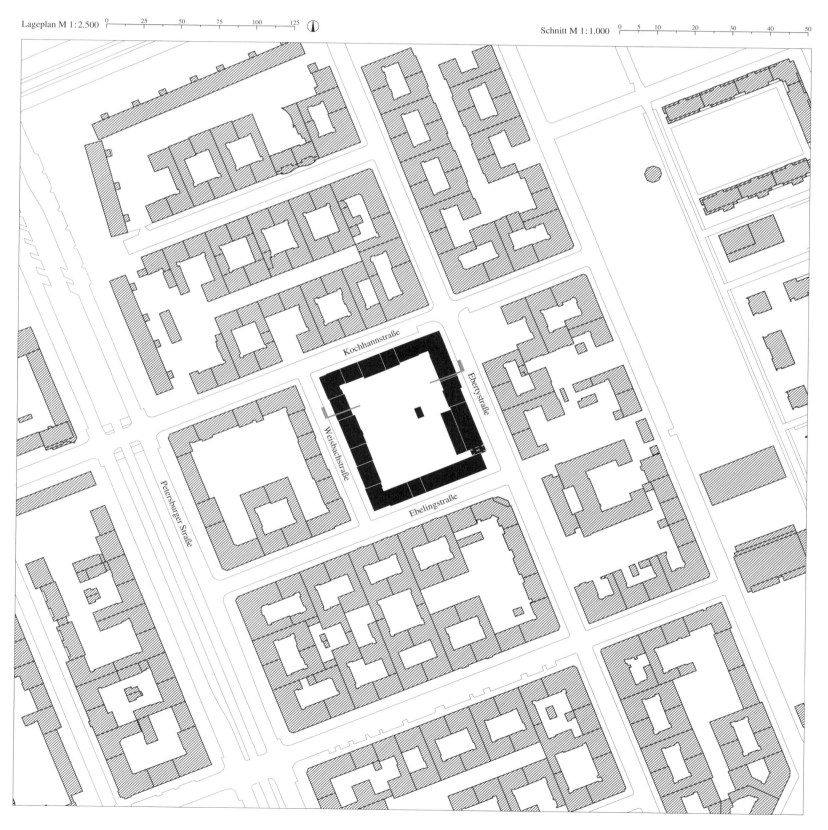

Kochhannstraße

Petersburger Straße

Weisbachstraße

Ebertystraße

Ebelingstraße

BERLIN MÜLLERSTRASSE

Der Omnibusbetriebshof der BVG in Berlin stammt aus dem Jahr 1927 und ist von einer Wohnbebauung umgeben, die die Anlage zu einem großen Gewerbehof werden lässt. Die Symmetrie des städtebaulichen Grundrisses weist auf eine repräsentative öffentliche Nutzung der Gesamtanlage hin. An der Belfaster Straße und an der Londoner Straße stehen dreigeschossige Einzelhäuser, während die Häuser an der Einfahrt in der Müllerstraße fünf Geschosse aufweisen und im Erdgeschoss über Ladenräume verfügen. Das Einfahrtstor selbst wird von zwei 32 Meter hohen Torbauten, in denen sich ebenfalls Wohnungen befinden, gefasst. Zwischen der mehr als 100 × 100 Meter großen Werkstatthalle und der sie umgebenden Wohnbebauung wurde ein etwa 15 Meter breiter, mit Bäumen bewachsener Gartenstreifen angelegt. Das Beispiel zeigt eindrucksvoll, wie große Betriebe, statt ausschließlich in Gewerbegebieten untergebracht zu sein, auch in der Stadt angesiedelt werden können und so für eine Mischnutzung sorgen. Ursprünglich für Straßenbahnen errichtet, bietet die Anlage Arbeitsplätze in der Stadt und ist mit ihren über 300 Wohnungen beispielhaft für die „Stadt der kurzen Wege". Die aufwändige architektonische Gestaltung und das symmetrisch mit zwei Türmen gefasste Einfahrtstor verdeutlichen, welcher gesellschaftliche Stellenwert der Gesamtanlage ursprünglich zukam.

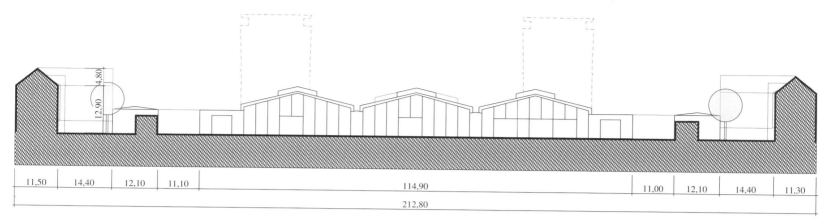

11,50	14,40	12,10	11,10	114,90	11,00	12,10	14,40	11,30

212,80

Lageplan M 1:2.500   0   25   50   75   100   125

Schnitt M 1:1.000   0   5   10   20   30   40   50

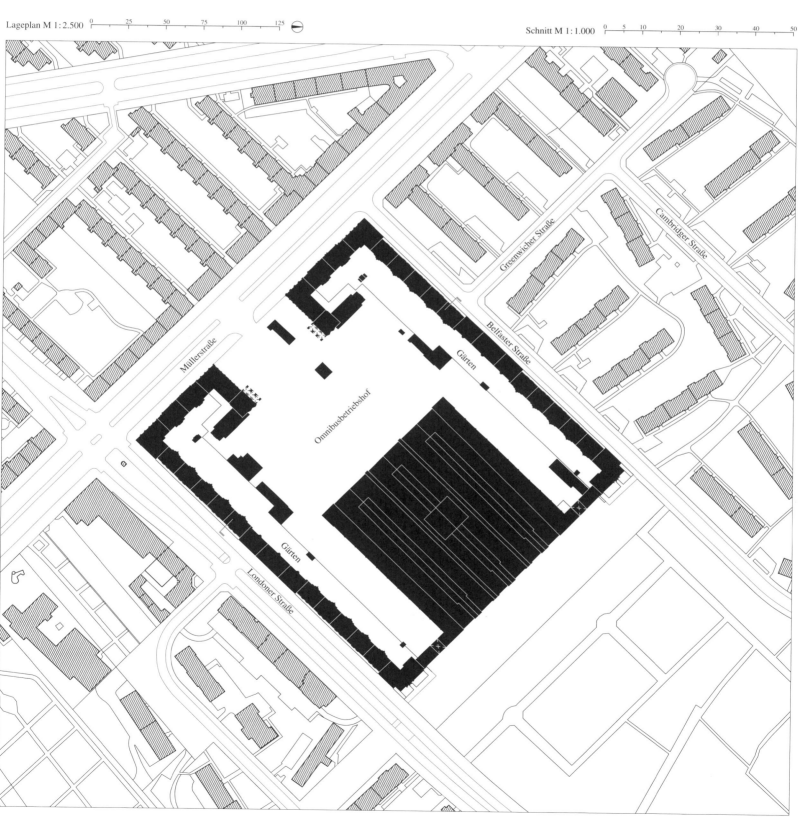

BERLIN OKERSTRASSE

Die Hofräume an der Okerstraße sind durch zwei Zeilenbebauungen gekennzeichnet, die parallel zur Straße im Inneren des Blocks errichtet sind. Sie stehen nebeneinander auf sechs gleichgeschnittenen Parzellen und haben einen gemeinsamen, nur durch Mauern getrennten Hof mit einer Gesamtlänge von mehr als 100 Metern. Dieser Hof wird möglich, weil jede einzelne Parzelle mit einem Vorderhaus und einem Hinterhaus bebaut ist, ohne dass diese ein Seitenflügel verbindet. Die beiden Hofzeilen sind durch zwei sieben Meter tiefe Gärten voneinander getrennt, so dass ein mittlerer weiterer Hof mit einer Tiefe von knapp 14 Metern entsteht. Wenn eine derartige Bebauung mit den derzeitigen Gesetzgebungen auch nicht vereinbar ist – dieses Beispiel befindet sich in Neukölln, einem der begehrtesten Berliner Stadtteile –, so ist diesem Prinzip von frei stehenden Reihenhäusern im Inneren eines Blocks bei einer vielleicht weniger hohen Bebauung städtebaulich doch größte Beachtung zu schenken. Auf jeder einzelnen Parzelle steht ein Hinterhaus, das über einen Tordurchgang im Vorderhaus mit der Straße verbunden ist und über einen eigenen Garten verfügt. Darüber hinaus sind alle Wohnungen dieser Zeilen von zwei Seiten belichtet.

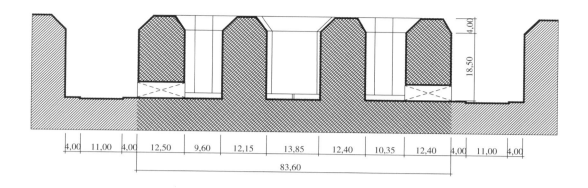

| 4,00 | 11,00 | 4,00 | 12,50 | 9,60 | 12,15 | 13,85 | 12,40 | 10,35 | 12,40 | 4,00 | 11,00 | 4,00 |

83,60

Lageplan M 1 : 2.500   0   25   50   75   100   125

Schnitt und Grundriss M 1 : 1.000   0   5   10   20   30   40   50

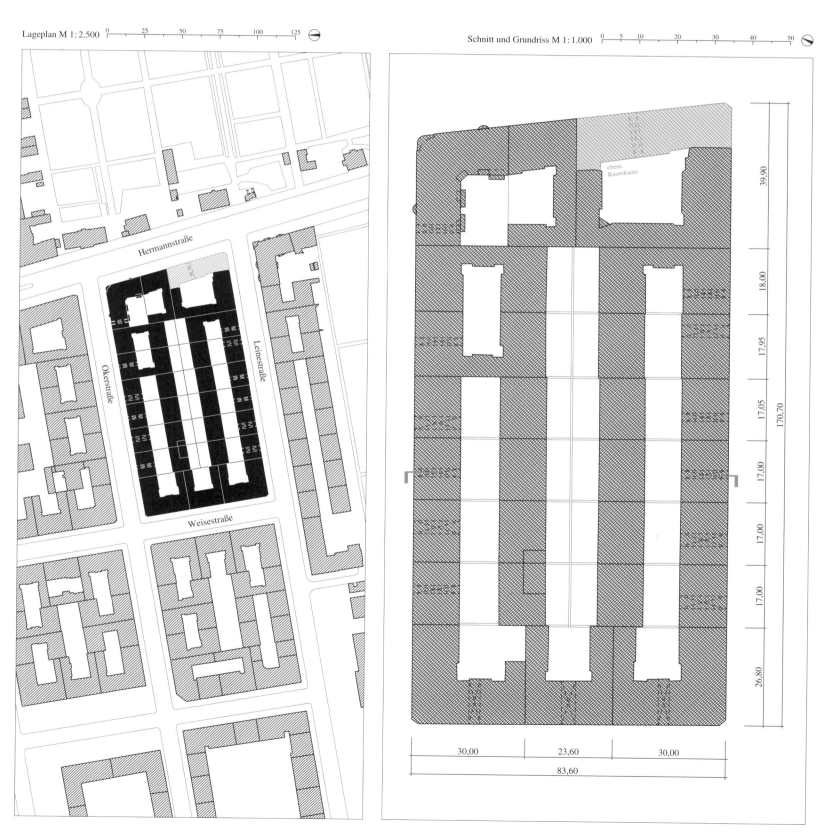

ehem. Raumkante

| 30,00 | 23,60 | 30,00 |

83,60

BERLIN
ORANIENSTRASSE

Im Bereich der Oranienstraße befinden sich einige Gewerbehöfe, die sich tief in den Blockraum hineinschieben. Sie sind über Hoftore von der öffentlichen Straße aus erschlossen und werden von den unterschiedlichsten Gewerbebetrieben genutzt. In direkter Nachbarschaft finden sich auch Wohnhöfe, so dass das Quartier an dieser Stelle eine perfekte Mischnutzung aufweist, von der auch der Einzelhandel profitiert. Gewerbehofhäuser zeichnen sich meist durch hohe Geschosshöhen mit großzügigen Fensterflächen aus und haben Lastenaufzüge, mit denen die Waren direkt in die übereinandergelegten Werketagen

befördert werden können. Da die aufeinanderfolgenden Höfe in den Erdgeschossen ihrer Querriegel über große Durchfahrten miteinander verbunden sind, verfügen die Gewerbebetriebe in den Hofräumen auch über eine perfekte Andienung und temporäre Lagerflächen, die damit nicht im öffentlichen Raum der Straße angelegt werden müssen. **Das Beispiel zeigt, wie mit einem einfachen Gebäudetyp, dem Gewerbehofhaus, Kleinbetriebe in der Stadt angesiedelt werden können, die ohne Störung in direkter Nachbarschaft zu Wohnhöfen liegen und somit eine perfekt strukturierte Mischnutzung ermöglichen.** Die meist im 19. Jahrhundert entstandenen Werkhöfe erfreuen sich auch heute größter Beliebtheit, weil sie in den belebten Zentren der europäischen Stadt liegen und leicht erreichbar sind. Mit dem Wissen um das städtische Hofhaus ist die „Stadt der kurzen Wege" auch heute problemlos zu entwickeln.

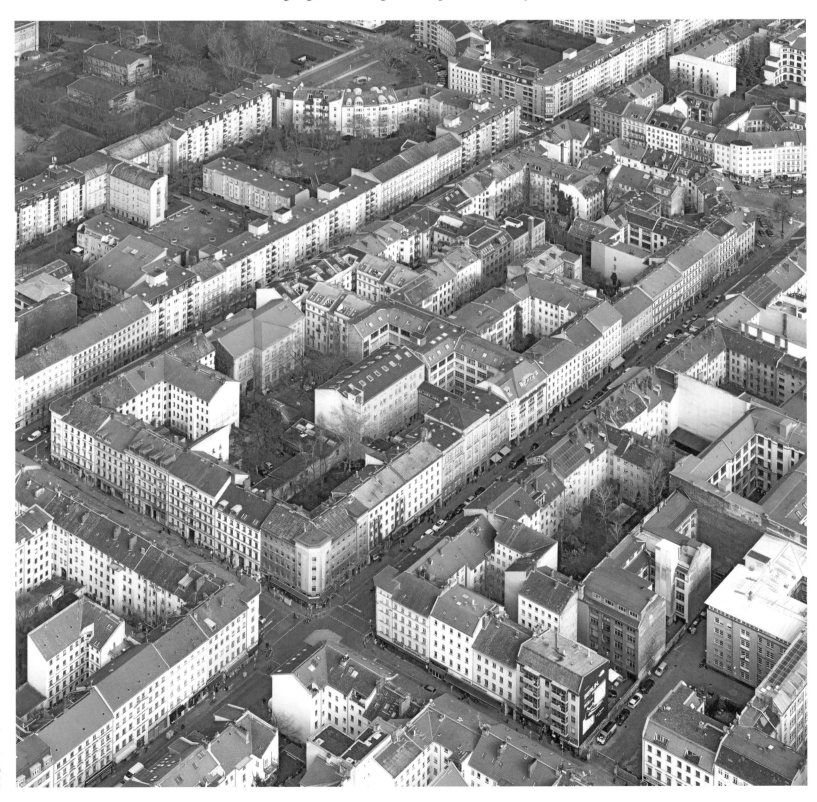

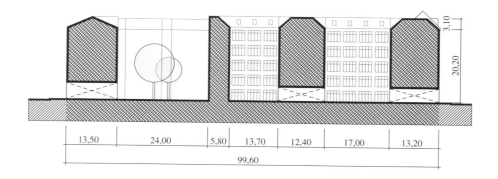

13,50	24,00	5,80	13,70	12,40	17,00	13,20

99,60

Lageplan M 1 : 2.500

Schnitt M 1 : 1.000

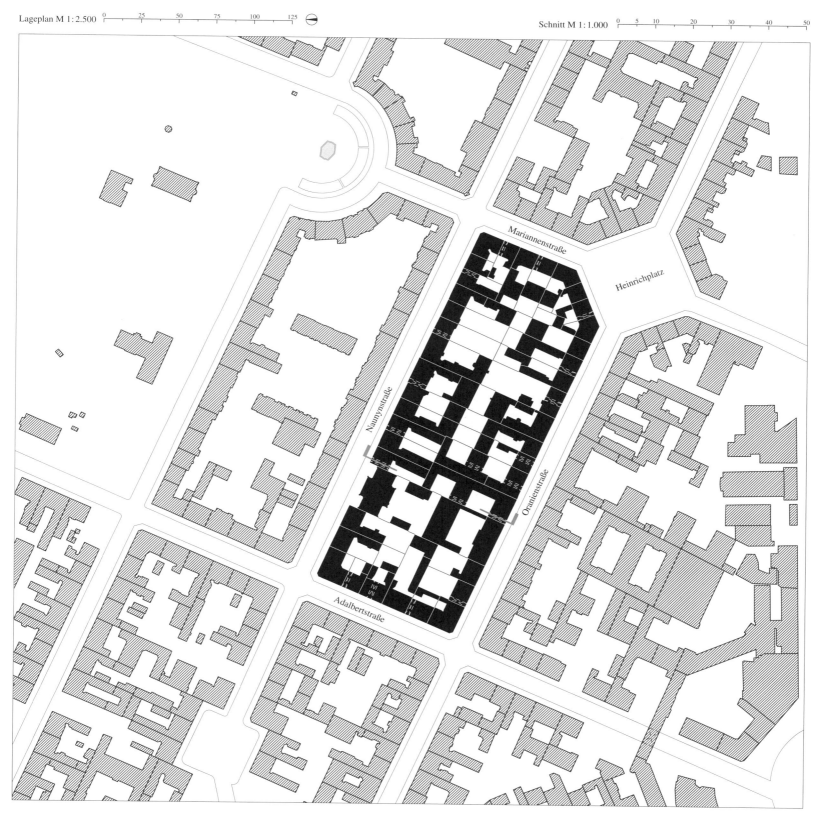

Mariannenstraße

Heinrichplatz

Naunynstraße

Oranienstraße

Adalbertstraße

BERLIN
RIEHMERS HOFGARTEN

Die im Berliner Stadtteil Kreuzberg am Ende des 19. Jahrhunderts errichtete Wohnanlage Riehmers Hofgarten hat, ähnlich den Beispielen Helenenhof (siehe Seite 42) und Fritschweg (siehe Seite 40), innere Straßen und Wege, über die die Mietshäuser erschlossen werden. **Derartige Erschließungen sind für das Gemeinwesen wirtschaftlich, erfordern aber auch eine hohe Dichte, um eine gewisse Belebung der vom öffentlichen Straßenraum abgewandten Bebauung sicherzustellen. Darüber hinaus bedarf es eigener repräsentativer Plätze und Wege und einer Bepflanzung mit großen Bäumen sowie gut** strukturierter, gegliederter Fassaden, um diesen Hofräumen eine **lebenswerte Aufenthaltsqualität gewähren zu können.** Die Eingänge zu den inneren Erschließungswegen liegen an drei Seiten des Blocks. Zwei sind in repräsentativen Durchgängen in den Häusern an der Straße untergebracht, die Zufahrt an der Hagelberger Straße befindet sich zwischen zwei symmetrisch aufgebauten Torhäusern. Eine Bebauung wie Riehmers Hofgarten erfordert großzügige Blöcke und einen durchgängig konzipierten Städtebau, weil Grenzbebauungen auf dem Nachbargrundstück eine Erwiderung finden müssen, um Brandwände, wie sie in diesem Beispiel zu sehen sind, zu vermeiden.

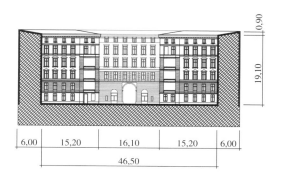

6,00 | 15,20 | 16,10 | 15,20 | 6,00

46,50

0,90

19,10

Lageplan M 1 : 2.500 0 25 50 75 100 125

Schnitt und Grundriss M 1 : 1.000 0 5 10 20 30 40 50

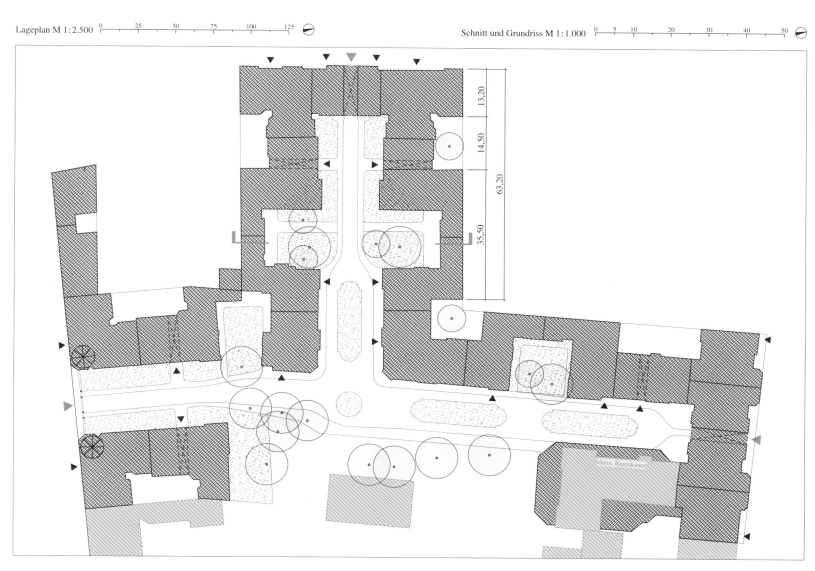

13,20

14,50

63,20

35,50

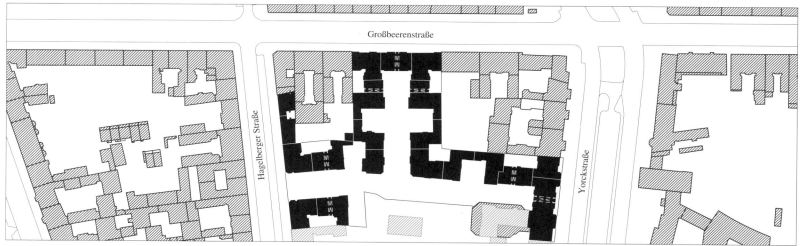

Großbeerenstraße

Hagelberger Straße

Yorckstraße

BERLIN SCHÖNINGSTRASSE

Drei große Hofräume sind im Wohnblock an der Schöningstraße in Berlin-Wedding untergebracht. Die beiden äußeren Höfe sind begrünt und werden als Wohnhöfe für die sie umstehenden Wohnhäuser genutzt, während der zentrale Hofraum in der Mitte des Wohnblocks als Schulhof des Lessing-Gymnasiums dient. **Die geschickte Anordnung der Gesamtanlage, in der die Wohnhöfe vom Lärm des Schulhofs durch das ihn einfassende Schulgebäude abgeschirmt werden, ermöglicht ein Zusammenlegen zweier sich üblicherweise ausschließender Hoffunktionen innerhalb eines städtischen Blocks.**

Auch wenn das Beispiel durch die geringe Tiefe des Blocks und die Zusammenlegung der Höfe Mängel aufweist, ist das städtebauliche Prinzip dieser Hofbildung im Rahmen einer gesamtstädtischen Planung vorbildlich. An der Schöningstraße steht das Torhaus der Schule, durch dessen drei Bögen man Zutritt in das Innere des Schulhofs erhält und dessen Straßenfassade zwischen den Wohnhäusern der Schöningstraße in den städtischen Raum hineinweist.

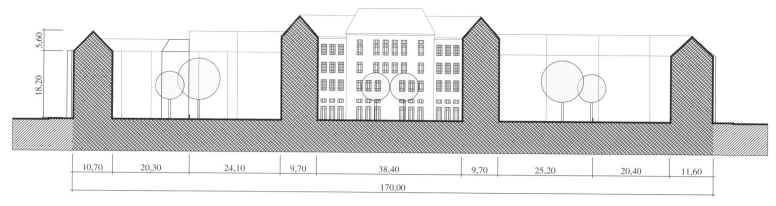

10,70	20,30	24,10	9,70	38,40	9,70	25,20	20,40	11,60
				170,00				

Lageplan M 1:2.500   0   25   50   75   100   125

Schnitt und Grundriss M 1:1.000   0   5   10   20   30   40   50

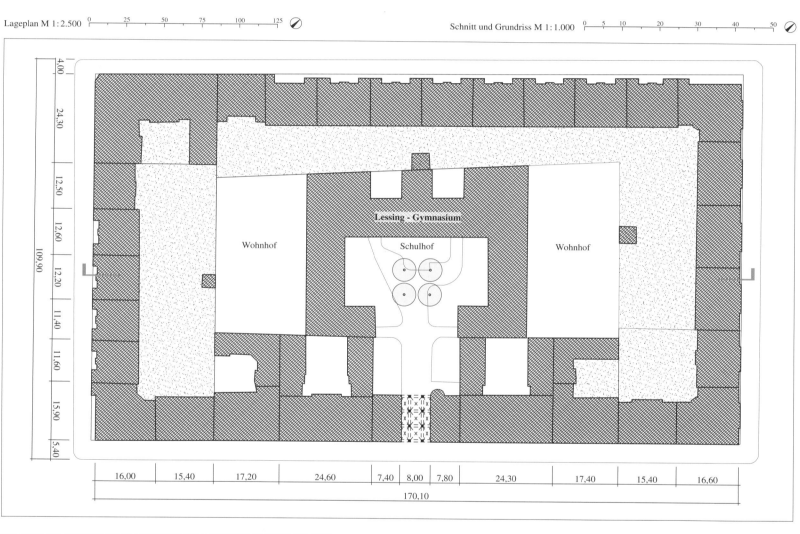

Wohnhof   Lessing - Gymnasium

Schulhof   Wohnhof

16,00	15,40	17,20	24,60	7,40	8,00	7,80	24,30	17,40	15,40	16,60
					170,10					

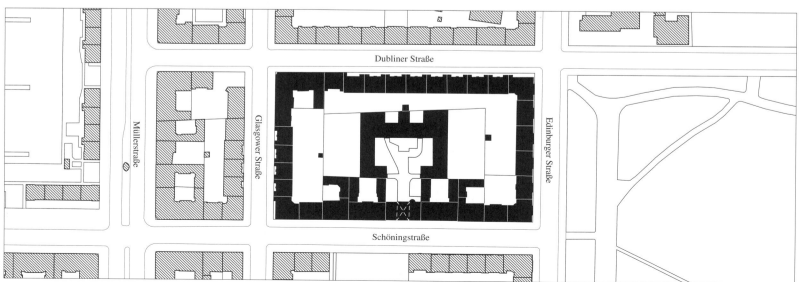

Dubliner Straße

Müllerstraße

Glasgower Straße

Edinburger Straße

Schöningstraße

BERLIN
WOHNSTADT CARL LEGIEN

Der Gebäudekomplex besteht aus sechs 1929 von Bruno Taut errichteten Wohnhöfen, die sich zur aufgeweiteten Zentralachse der Erich-Weinert-Straße hin öffnen und dort mit einem um ein Geschoss erhöhten Kopfbau abgeschlossen werden. Hier vermitteln Eckbalkone an den Innenseiten zum Hof den Eindruck eines Zugangs. Dieser aber wird durch die Einfriedung mit einer Hecke verwehrt. **Der Hof ist wie im klassischen Städtebau der europäischen Stadt Privatfläche. Er bleibt allerdings weitgehend ungenutzt, weil er nur über den Keller erreichbar ist. Für einen Siedlungsbau unüblich und als Besonderheit anzumerken**

ist auch, dass alle Wohnungen, unabhängig von der Himmelsrichtung, mit Loggien in den Hof hinein orientiert sind, so dass der öffentliche Raum der Straße auf der Eingangsseite der Häuser recht leblos erscheint. Obwohl die Bebauung auf Grundlage der Hobrecht-Planung von 1862 errichtet ist und damit räumlich gefasste öffentliche Stadtstraßen entstanden sind, erscheinen diese wenig städtisch. Dies ist darauf zurückzuführen, dass die Erschließung der als Zweispänner organisierten Hauseinheiten zwar stets von der Straße aus erfolgt, die Wohnungen selbst aber dem Straßenraum funktional den Rücken kehren. Nicht einmal auf der Südseite sind die Häuser mit Balkonen und/oder Erkern versehen. Dies führt bei den Einzelhäusern zu ungegliederten Straßenfassaden und so zu einem 100 Meter langen, für das Auge monotonen Straßenraum, der auch nicht durch die Schönheit der farblich durchdetaillierten Fenster und Türen aufgehoben wird.

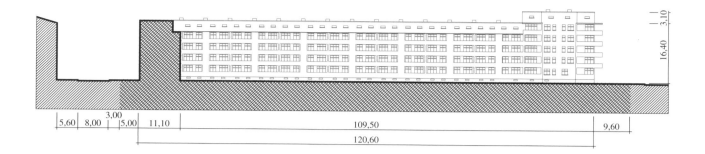

3,10

16,40

| 5,60 | 8,00 | 3,00 5,00 | 11,10 | 109,50 | 9,60 |

120,60

Lageplan M 1:2.500   0 25 50 75 100 125

Schnitt M 1:1.000   0 5 10 20 30 40 50

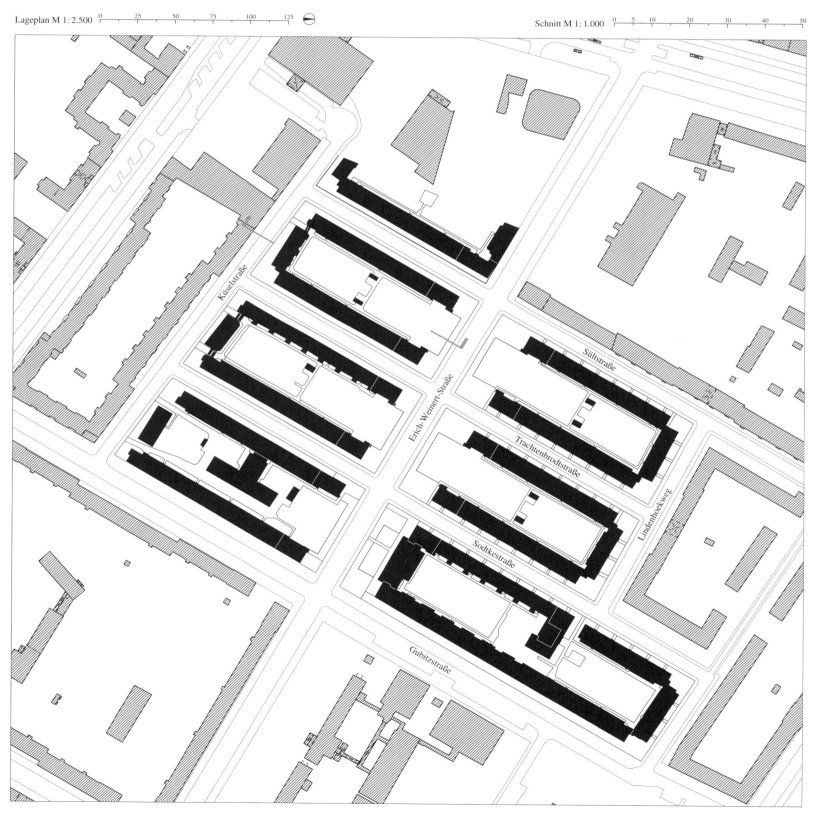

Küselstraße

Sültstraße

Erich-Weinert-Straße

Trachtenbrodtstraße

Lindenhoekweg

Sodtkestraße

Gubitzstraße

BERLIN WÜHLISCHSTRASSE

Der um die Wende vom 19. zum 20. Jahrhundert errichtete Block mit einer Kantenlänge von etwa 100 × 140 Meter weist einen regelhaften Parzellenzuschnitt mit großzügigen Hofräumen auf. **Durch die Verwendung von baugleichen Haustypen auf zwei beziehungsweise vier angrenzenden Parzellen entsteht der Vorteil gemeinsamer, die Parzellengrenzen überschreitender großer Hofräume, die eine verbesserte Belichtung und Belüftung der Wohnungen mit sich bringen. Dies gilt vor allem für die acht über 50 Meter tiefen Parzellen in der Mitte des Blocks, die aufgrund des Parzellenzuschnitts** auch eine zweiseitig belichtete Hofbebauung ermöglichen. Insgesamt bestehen die Haustypen in der Regel aus einem zweiseitig belichteten Vorderhaus an der Straße, das als Zweispänner sowie im Fall der Eckhäuser auch als Dreispänner erschlossen wird, und aus einseitig belichteten Seitenflügeln um den Innenhof herum. Im Gegensatz zu den bürgerlichen Häusern der Jablonskistraße (siehe Seite 46) sind in den Seitenflügeln dieser Häuser kleine Wohnungen mit eigenen, vom Hof aus zugänglichen Treppenhäusern untergebracht. Die unteren Geschosse der Hofhäuser werden für Gewerbebetriebe genutzt. Über Durchfahrten unter den Häusern erfolgt die Erschließung beider Höfe. Mit den Ladenlokalen im Erdgeschoss zur Straße kann man hier von ausgesprochen funktionsgemischten Haustypen sprechen.

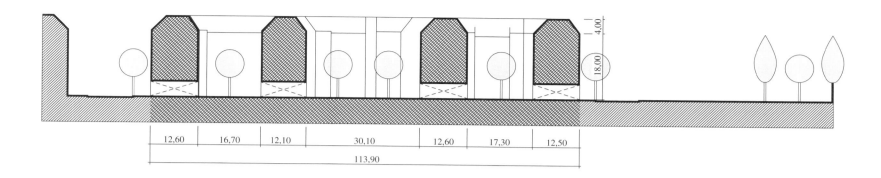

12,60	16,70	12,10	30,10	12,60	17,30	12,50
			113,90			

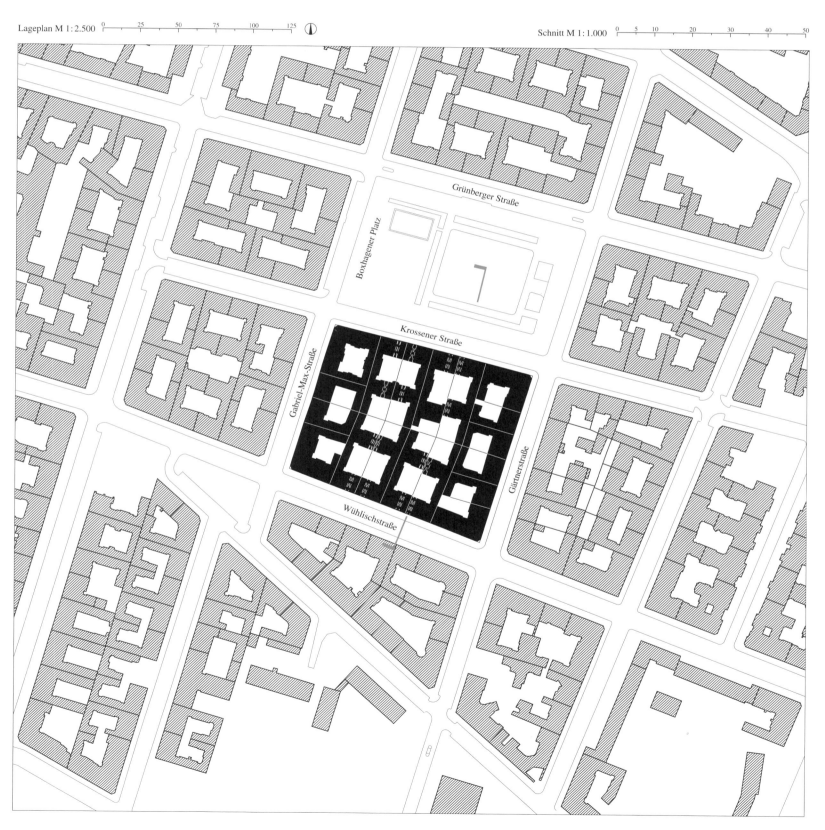

Lageplan M 1:2.500   0 25 50 75 100 125

Schnitt M 1:1.000   0 5 10 20 30 40 50

Grünberger Straße

Boxhagener Platz

Krossener Straße

Gabriel-Max-Straße

Gärtnerstraße

Wühlischstraße

BOCHUM
ELSASSSTRASSE

Die Hofräume in der Elsaßstraße sind von zweigeschossigen Mehrfamilienhäusern aus den 1950er Jahren in geschlossener Bauweise eingefasst. Dabei wurde der Zeit entsprechend auf den Typus des Eckhauses verzichtet. Vielmehr sind die Blockecken offen gelassen und mit einer niedrigen Bebauung versehen. Die Parzellenstruktur weist uneinheitliche Größen auf, was zur Lebendigkeit in den Straßenfassaden beiträgt. Der Nachkriegszeit entsprechend sind die Häuser mit einfachen Satteldächern versehen und als Zweispänner mit einem zentralen Hauseingang an der Straße sowie Hochparterrewohnungen organisiert. Einige dieser Häuser verfügen im Erdgeschoss über Durchfahrten in den Hof, was für ihre Entstehungszeit untypisch ist. Diese Durchfahrten finden sich vor allem in den Häusern an der Elsaßstraße und an der gegenüberliegenden Klarastraße. Sie bilden die Erschließung für die ein- bis zweigeschossige Bebauung der Innenhöfe. **Das Beispiel verdeutlicht, dass großflächige Innenhofbebauungen auch in der Mitte des 20. Jahrhunderts angelegt wurden, um die Ansiedlung kleiner Gewerbebetriebe zu ermöglichen.** Auf dem Luftbild wird ersichtlich, dass die damit einhergehende Mischnutzung sich in den benachbarten Hofstrukturen wiederfindet und in diesem Stadtgebiet Bochums im Wiederaufbau nach 1945 vorherrschend war.

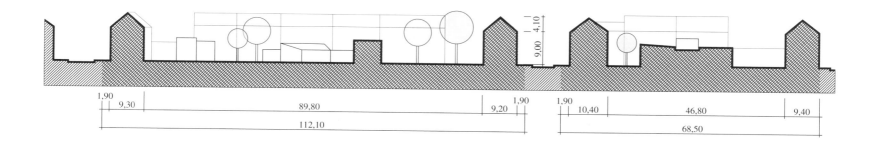

1,90   9,30   89,80   1,90   9,20   1,90   10,40   46,80   9,40

112,10   68,50

Lageplan M 1 : 2.500   0   25   50   75   100   125   Schnitt M 1 : 1.000   0   5   10   20   30   40   50

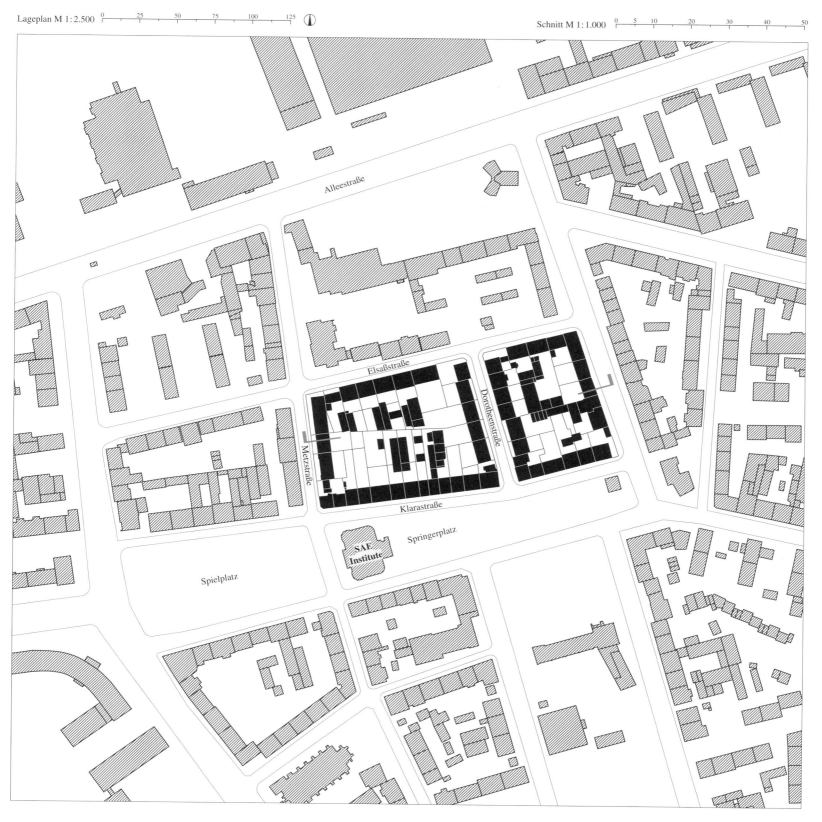

Alleestraße

Elsaßstraße

Metzstraße

Dorotheenstraße

Klarastraße

SAE Institute

Springerplatz

Spielplatz

BOCHUM
UHLANDSTRASSE

Der Hofraum an der Uhlandstraße ist von zwei- bis dreigeschossigen Einzel- und Doppelhäusern in offener Bauweise umstellt. **Da die aus dem 19. und frühen 20. Jahrhundert sowie der Nachkriegszeit stammenden Häuser in ihrer Bauweise sehr unterschiedlich sind, ist die Bebauung an der Uhlandstraße ein gutes Beispiel, um die Unterschiede der städtebaulichen Qualität im Umgang mit der Anbindung der Gebäude an die öffentliche Straße und den Hofraum zu studieren. Der Hofraum liegt etwa einen Meter höher als die Straße und macht es möglich, die Häuser auf ihrer Rückseite** ebenerdig an den Garten anzuschließen. Zur Straße hin haben vor allem die alten Gebäude deshalb ein Hochparterre und, als Besonderheit, einen partiell geböschten Vorgarten, der den Häusern nicht nur einen sehr städtischen Charakter verleiht, sondern zudem ein ungestörtes Wohnen im Erdgeschoss an der Straße ermöglicht. Zugleich sind auch Garagen in Kombination mit der Vorgartenzone im Souterrain untergebracht, ohne dass dies das Straßenbild beeinträchtigt. Den Neubauten unserer Zeit fehlt diese städtebauliche Raffinesse im Umgang mit der Topografie des Ortes. Interessant an diesem Beispiel ist darüber hinaus das Studium der Straßenfassaden, die bei der älteren Hausgeneration mit Vorbauten und Erkern in den öffentlichen Straßenraum hinein orientiert sind beziehungsweise diesen als städtischen Raum architektonisch zu integrieren wissen.

HOFRÄUME

66

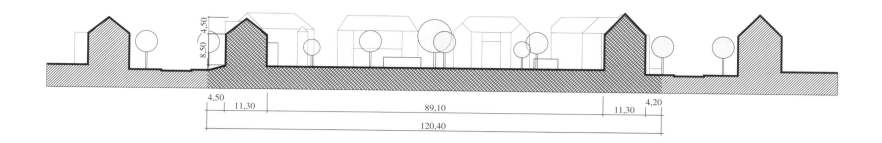

0 25 50 75 100 125

0 5 10 20 30 40 50

Bergstraße

Uhlandstraße

Graf-Engelbert-Straße

Lessingstraße

Freiligrathstraße

Wielandstraße

BREMEN DONAUSTRASSE

Der lang gezogene schmale Block zwischen zwei parallelen untergeordneten Quer- oder Erschließungsstraßen ist einer von Hunderten gleichartiger Blöcke, aus denen sich die städtebauliche Form der Bremer Vorstädte zusammensetzt. **Der Block hat eine Länge von fast 200 Metern und ist dabei nur 58 Meter tief. Er ist in geschlossener Bauweise mit einem als „Bremer Haus" bekannten Haustyp auf jeweils etwa sieben Meter schmalen Parzellen bebaut. Die für eine heutige Planung unübliche Länge des Blocks wird durch die Individualisierung der Architektur der Einzelhäuser ermöglicht.**

Eine durch die Reihung aufkommende Monotonie ist mit einem solchen individuell gestalteten Bautypus nicht gegeben. Städtebau und Haustyp sind stark von den Regelungen einer Bauordnung aus der Mitte des 19. Jahrhunderts bestimmt: Aus dem Verbot von Hinterhofbebauungen resultieren die geringe Tiefe des Blocks sowie die schmalen Parzellen, da möglichst viele Grundstücke direkt von den Querstraßen erschlossen werden müssen. Das typische „Bremer Haus" besitzt ein Hochparterre, das von der Straße über eine Außentreppe erschlossen wird. Da die Straßen aus Hochwasserschutzgründen aufgeschüttet wurden, liegen die rückseitig aneinandergrenzenden privaten Gärten auf dem tieferen Niveau des Souterrains, in dem ursprünglich die Küche, die Waschküche und andere dienende Räume untergebracht waren.

Lageplan M 1:2.500 0 — 25 — 50 — 75 — 100 — 125

Erlenstraße

Isarstraße

Donaustraße

Pappelstraße

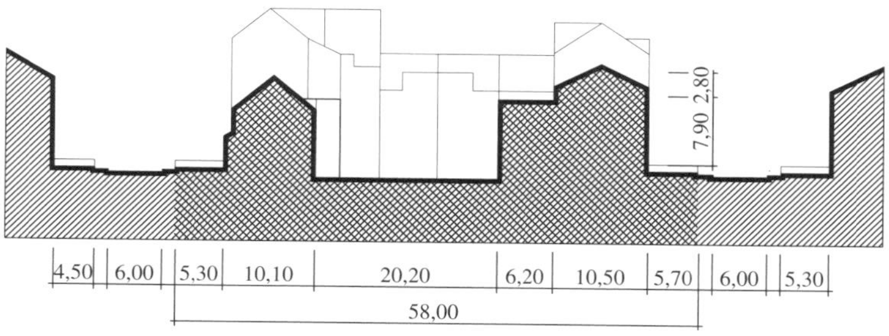

4,50 | 6,00 | 5,30 | 10,10 | 20,20 | 6,20 | 10,50 | 5,70 | 6,00 | 5,30

58,00

7,90 2,80

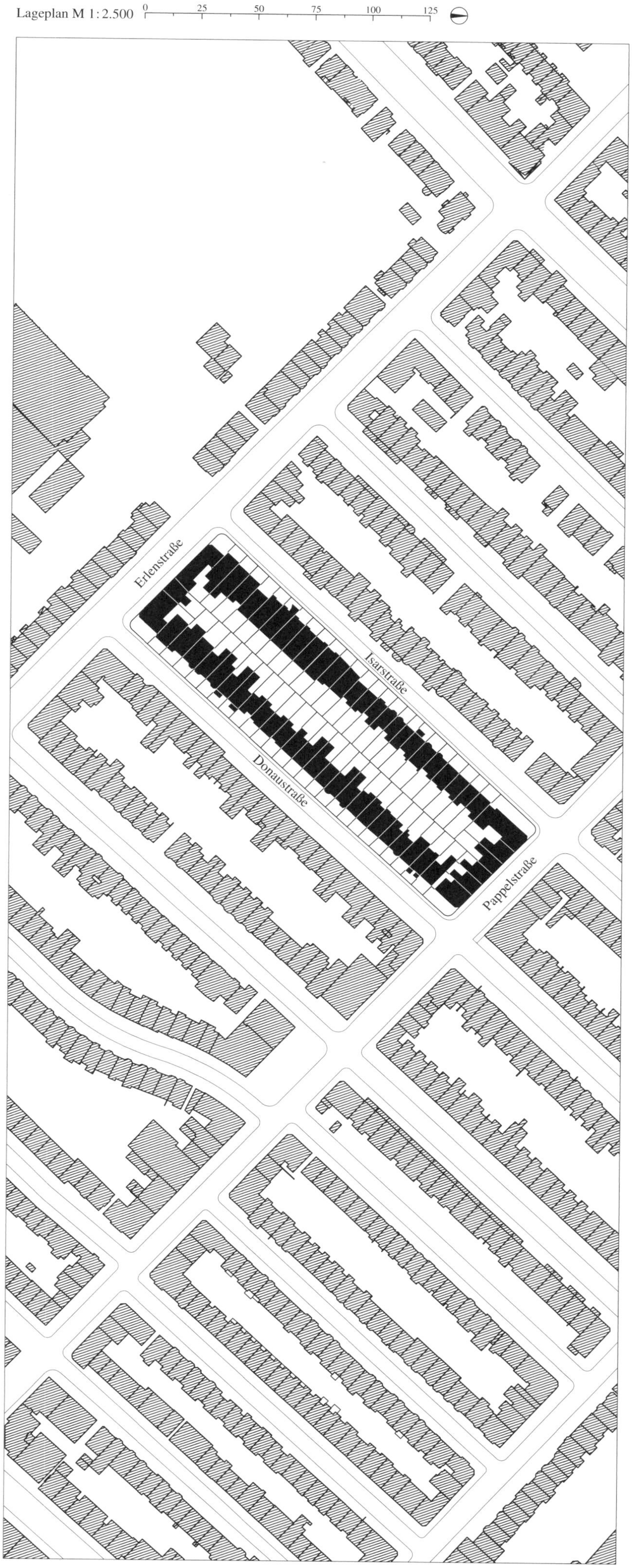

Schnitt und Grundriss M 1:1.000 0 — 5 — 10 — 20 — 30 — 40 — 50

8,60 | 7,10 | 6,70 | 6,70 | 6,60 | 6,80 | 6,50 | 7,00 | 6,90 | 6,60 | 6,90 | 6,00 | 5,90 | 6,00 | 5,90 | 5,50 | 5,00 | 6,70 | 7,00 | 6,50 | 7,00 | 6,60 | 6,00 | 6,90 | 22,80

193,50

6,20 | 9,50 | 6,50 | 6,50 | 6,50 | 7,50 | 9,50 | 5,80

58,00

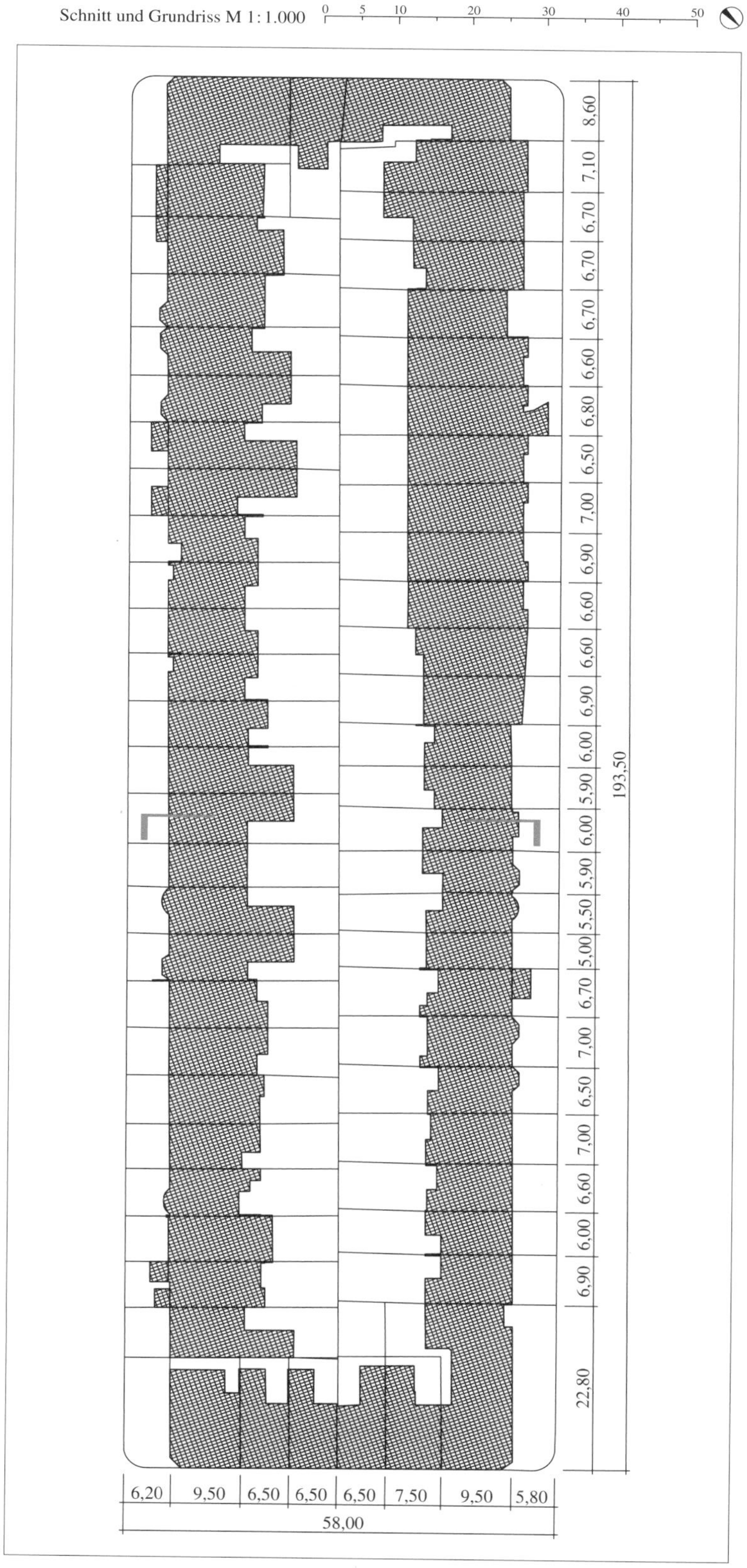

DRESDEN KÖNIGSTRASSE

Der Block an der Königstraße in der Dresdner Neustadt ist für unsere heutigen Bauweisen ungewöhnlich dicht bebaut. Trotzdem gehören diese drei- bis viergeschossigen Hofhäuser mit ihren schmalen, dafür aber über 20 Meter langen Höfen zu den beliebtesten Wohngebäuden der Stadt. **Wenn das Beispiel hier aufgeführt wird, dann nur aufgrund der ungewöhnlich großen Akzeptanz, den diese barocken Bürgerhäuser in der Bevölkerung Dresdens haben. Das Dresdner Hofhaus zeigt, dass Licht, Luft und Sonne als Qualitäten, die der Moderne zugrunde lagen, offenbar nicht die alleinigen Kriterien** für das Wohnen in der Stadt darstellen. Beispielhaft sind auch die einfachen, streng geordneten und verputzten Straßenfassaden, die mit ihren regelmäßig gesetzten Fenstern auf eine Gestaltungssatzung (Baureglement 1736) zurückgehen.

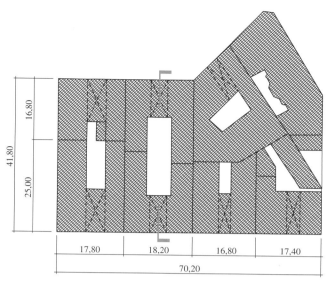

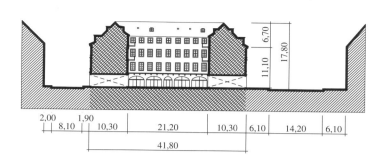

DRESDEN STRIESEN

Der hier abgebildete Block in Dresden-Striesen wurde Mitte des 19. Jahrhunderts geplant und zeigt sehr deutlich, welche Vielfalt eine städtebaulich einfache Stadtstruktur aufweisen kann. Das orthogonale Raster, in dem dieser Block mit seiner offenen Bebauung liegt, erscheint zwar geradezu banal, trotzdem ist dieser Stadtteil in Dresden eines der beliebtesten Wohnviertel der Stadt. Der Block hat eine Größe von etwa 180 × 80 Meter. Auf jeder der Parzellen steht ein dreigeschossiges Mietshaus, das als Zweispänner mit Drei- bis Vierzimmerwohnungen organisiert ist. Die Häuser sind von Gärten umgeben und ausschließlich von der Straße her erschlossen. Es gibt keine „Durchwegung", sondern eine deutliche Trennung zwischen öffentlicher Straße und privatem Grundstück. Diese Unterscheidung zwischen öffentlich und privat, zwischen vorne und hinten wird auch durch die Ausrichtung der Häuser zur Straße gekennzeichnet: Jedes Haus verfügt über eine Straßenfassade, die sich in ihrer Ausgestaltung deutlich von der Rückseite des Hauses unterscheidet. Ähnlich der Pappelstraße in Bremen (siehe Seite 68) entwickelt sich im Zusammenspiel zwischen der Planung des scheinbar banalen Quartiersgrundrisses und der Architektur der Häuser ein abwechslungsreicher Städtebau, wie er auch heute Anwendung finden kann. Wie schon im Schwarzplan zu sehen, sind alle Blöcke mit Eckhäusern versehen, die sich mit ihren Eckerkern und Fassadenerhöhungen auf die Straßenkreuzung ausrichten.

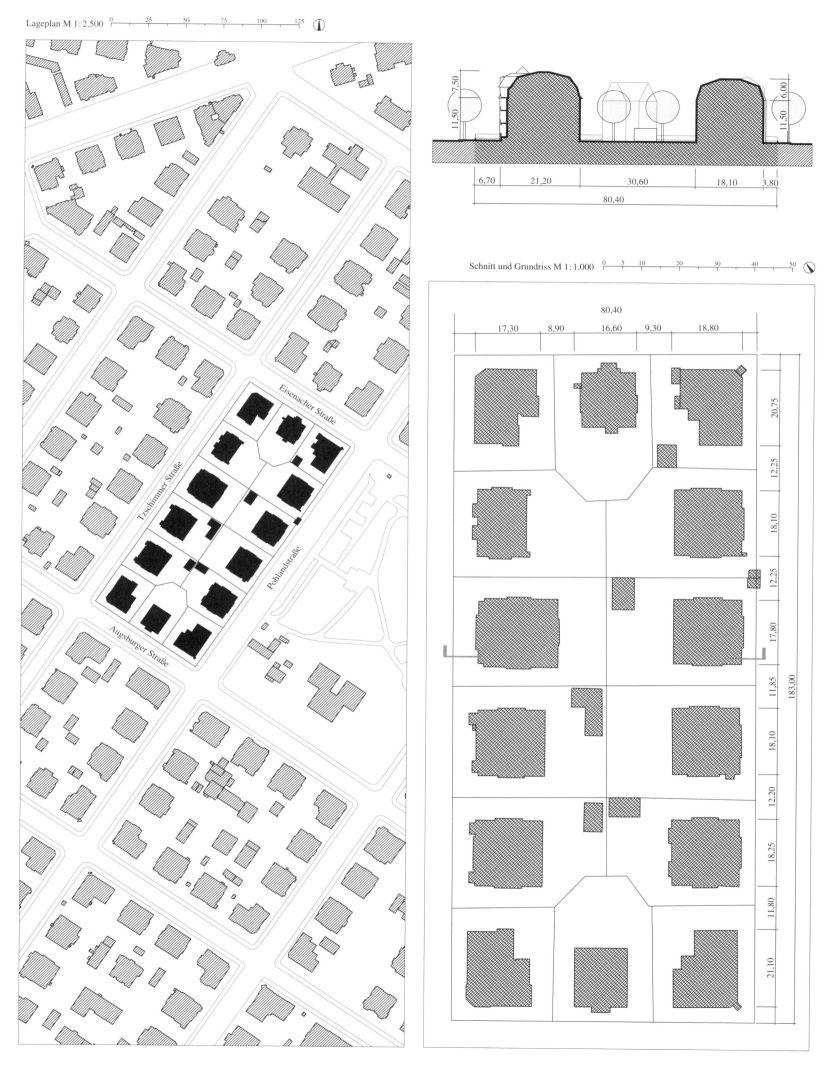

Lageplan M 1:2.500

0   25   50   75   100   125

Eisenacher Straße

Tzschimmer Straße

Pohlandstraße

Augsburger Straße

7,50   11,50

6,00   11,50

6,70   21,20   30,60   18,10   3,80

80,40

Schnitt und Grundriss M 1:1.000

0   5   10   20   30   40   50

80,40

17,30   8,90   16,60   9,30   18,80

20,75

12,25

18,10

12,25

17,80

11,85   183,00

18,10

12,20

18,25

11,80

21,10

FRANKFURT AM MAIN
BRUCHFELDSTRASSE

Die sich über 70 × 200 Meter erstreckende große Blockbebauung, geplant in den 1920er Jahren von Ernst May, wurde ins Straßennetz aus dem 19. Jahrhundert eingefügt. Damit ist zunächst eine für diese Zeit übliche in sich geschlossene Hofbebauung entstanden, die an ihren Längsseiten von jeweils zwölf dreigeschossigen Wohnhäusern eingefasst wird. Die nach Nord-Süd ausgerichteten Häuser sind leicht gedreht, so dass jedes Haus im Straßenraum eine gewisse Eigenständigkeit entwickelt. Zugleich sind die Wohnräume aber prinzipiell zum Hofraum gelegt, während Treppenhaus, Küche und Bad stets zur

Straße orientiert sind, so dass die oben genannte Eigenständigkeit der Häuser im Straßenraum durch eine sich wiederholende Gleichförmigkeit in den ungegliederten Fassaden wieder aufgehoben wird. **Wie in der Berliner Wohnstadt Carl Legien** (siehe Seite 60) **ist der von Wohnhäusern eingefasste Hofraum in Frankfurt Beispiel für eine gewisse Leblosigkeit und Anonymität, was unter anderem daran liegt, dass er den Häusern nicht direkt zugeordnet ist und die der jeweiligen Hausgemeinschaft vorbehaltenen Gartenparzellen nur über Kellertreppen zu erreichen sind. Trotz einer gewissen Nischenbildung, die durch die Drehung zwischen den einzelnen Gebäuden entsteht, fehlt dem Einzelhaus damit die soziale Zugehörigkeit des eigenen Hofraums.**

HOFRÄUME

5,80 | 4,90 | 5,30 | 10,10 | 51,70 | 10,10 | 13,20 | 7,10

1,60

1,60

1,60

75,10

12,20

Schnitt und Grundriss M 1:1.000

0 5 10 20 30 40 50

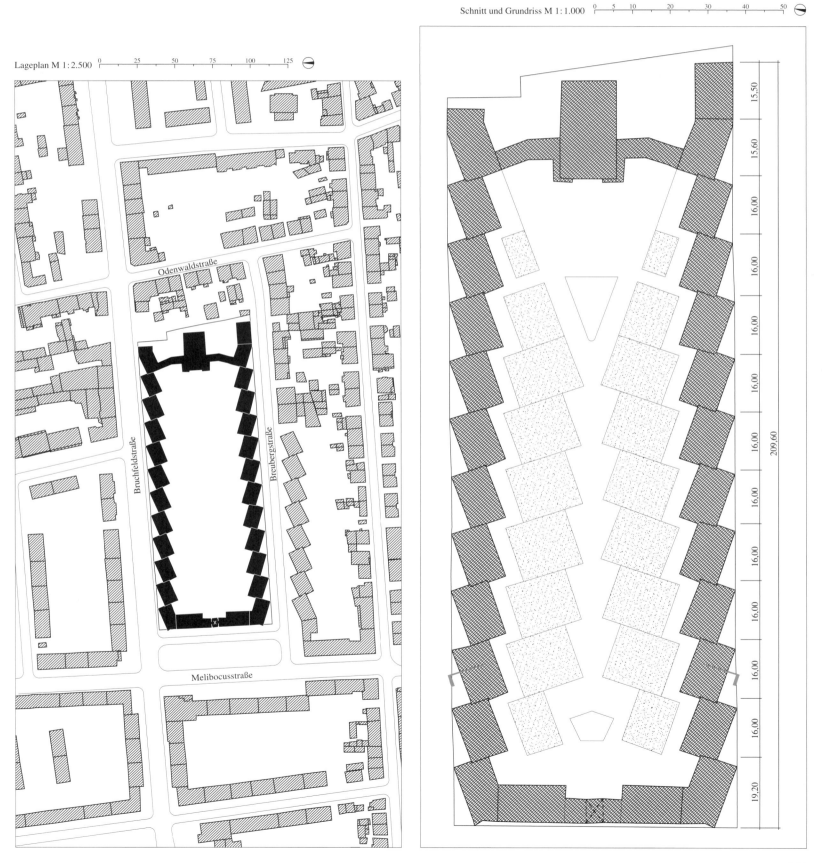

Lageplan M 1:2.500

0 25 50 75 100 125

Odenwaldstraße

Bruchfeldstraße

Breubergstraße

Melibocusstraße

15,50

15,60

16,00

16,00

16,00

16,00

16,00

16,00

16,00

16,00

16,00

19,20

209,60

HAMBURG
FALKENRIED-TERRASSEN

Zwischen viergeschossigen Kopfbauten an den Straßen Falkenried und Löwenstraße sind dreigeschossige Häuser mit zweispännig angeordneten Kleinstwohnungen aneinandergereiht. Diese Arbeitersiedlung wurde Ende des 19. Jahrhunderts erbaut. Die einzelnen Häuser haben Wohnflächen von lediglich 30 bis 40 Quadratmeter. Auf ihrer Rückseite stehen sie an einer Art Lichtgraben, der sie mit einer Breite von kaum mehr als drei Metern von der Nachbarbebauung trennt. Die Bauweise entspricht damit kaum heutigen Vorstellungen von städtebaulicher Qualität. Schon in den 1970er Jahren sollten die

fast 150 Meter langen Zeilen durch eine Neubebauung ersetzt werden, doch ihre Bewohner wehrten sich über viele Jahre erfolgreich gegen einen Abriss. **Die Hamburger Falkenried-Terrassen verdeutlichen damit prinzipiell, welche wichtige Funktion der Hofraum als Begegnungsraum für seine Anwohner hat. Und dies ist auch der Grund für die Aufnahme dieser Siedlung in das Handbuch. Der etwa zehn Meter breite, für den Individualverkehr gesperrte Gassenraum mit seinen kleinen Vorgärten und Bäumen hat eine soziale und stadträumliche Qualität und dient seinen Anwohnern als ein gemeinschaftliches, vor Straßenlärm geschütztes „Wohnzimmer".** Die paarweise angeordneten Kopfbauten an den jeweils eng nebeneinanderliegenden Gasseneingängen am Ende der Zeilenbebauung weisen eine Mischnutzung auf.

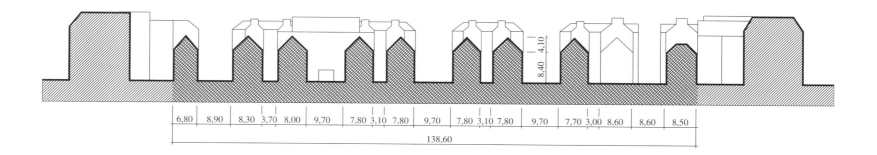

| 6,80 | 8,90 | 8,30 | 3,70 | 8,00 | 9,70 | 7,80 | 3,10 | 7,80 | 9,70 | 7,80 | 3,10 | 7,80 | 9,70 | 7,70 | 3,00 | 8,60 | 8,60 | 8,50 |

138,60

Lageplan M 1:2.500

Schnitt und Grundriss M 1:1.000

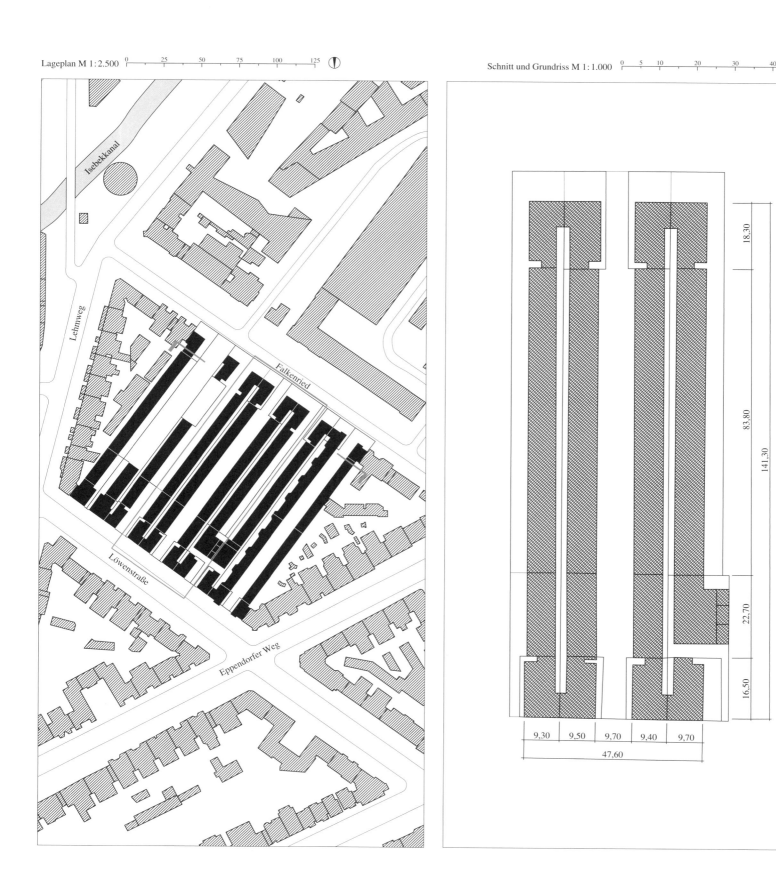

HAMBURG GENERALSVIERTEL

Das Quartier liegt im Hamburger Stadtteil Hoheluft und ist in sieben weitgehend gleichförmige Bebauungseinheiten untergliedert. Die nur etwa 70 Meter tiefen Blockstrukturen sind etwa 350 Meter lang und in etwa 15 Meter gleich breite Parzellen aufgeteilt, die mit sogenannten Schlitzbauten, einem vier- bis fünfgeschossigen Hamburger Mietshaustyp in geschlossener Bauweise, bebaut sind. **Diese Schlitzbauten, die ihren Ursprung in einer Bauordnungsreform aus dem Jahr 1882 haben, ermöglichen eine gute Belichtung des überaus tiefen Baukörpers und stellen heute einen der beliebtesten Hamburger**

Mietshaustypen in einem der am dichtesten besiedelten Baugebiete der Stadt dar. Sie sind Beispiel einer Bebauung, deren lichte Hofraumbreite oft weniger als 20 Meter misst, deren großzügige und vor allem hohe Wohnräume aber im Gegensatz dazu eine gesuchte Qualität darstellen. **Dies verdeutlicht ein weiteres Mal, in welcher Abhängigkeit der Städtebau zur Architektur steht.** Mit einem im Zentrum liegenden Treppenhaus mit großem Oberlicht und einem breiten hinteren Gebäudeteil ist ein vielfältiger Zuschnitt des Haustyps als Zwei-, Drei- oder Vierspänner mit unterschiedlich großen, stets mindestens zweiseitig belichteten Wohnungen möglich.

HOFRÄUME

Schnitt und Grundriss M 1 : 1.000

3.10

13,80

3,10

4,50 6,50 3,10 23,50 23,60 20,20 3,10 7,50 6,50 7,00

3,00

67,30

Lageplan M 1 : 2.500

Eppendorfer Weg

Wrangelstraße

Roonstraße

Kottwitzstraße

Gneisenaustraße

Bismarckstraße

Isebekkanal

24,40

15,20

15,10

15,00

15,10

15,10

15,20

15,00

15,20

345,50

15,10

15,30

14,90

15,10

15,10

14,30

14,20

20,80

79

KIEL
GRABASTRASSE

Die Bebauung in der Grabastraße stellt eine Besonderheit dar, die verdeutlicht, dass städtische Mischnutzung auch in einem einfachen Baugebiet mit zweigeschossigem Wohnungsbau möglich ist. Die Häuser stehen in einer Flucht in offener Bebauung und charakterisieren den öffentlichen Straßenraum durch die Wiederholung eines giebelständigen Haustyps. Im Gegensatz dazu ist die Hofseite dieser Häuser mit unterschiedlichsten Anbauten versehen, in denen Kleingewerbe untergebracht werden kann. Diese sind städtebaulich weitgehend ungeordnet und entsprechen dem jeweiligen Bedarf ihrer Nutzungen.

Die Kleinteiligkeit dieser Nutzung wird darüber hinaus durch die Tatsache verstärkt, dass jedes Haus noch einmal in Doppelhaushälften geteilt ist. **Das Beispiel zeigt die Möglichkeit einer Funktionsmischung im Rahmen einer geordneten Bebauung mit Einzelhäusern, wie sie üblicherweise im Zentrum der Stadt zu finden ist. Dabei wird das Straßenbild durch eine kleinteilige offene Bebauung geordnet, die durch die einfache städtebauliche Festlegung entsteht, die Häuser in einer Flucht, im gleichen Abstand und mit einem Giebel zur Straße hin aufzustellen sowie auf der rückwärtigen Seite Anbauten zuzulassen.** Der direkte Vergleich mit dem benachbarten Siedlungsbau am Hollwisch (siehe Seite 82) zeigt bei ähnlich klaren städtebaulichen Vorgaben im öffentlichen Straßenraum die Leblosigkeit, die sich auf der Rückseite der Siedlungshäuser entwickelt.

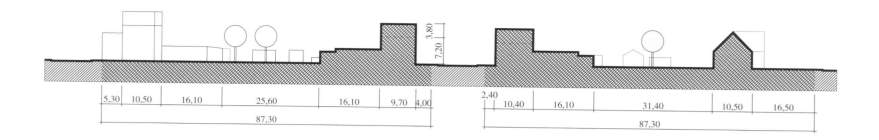

| 5,30 | 10,50 | 16,10 | 25,60 | 16,10 | 9,70 | 4,00 | | 2,40 | 10,40 | 16,10 | 31,40 | 10,50 | 16,50 |

87,30

87,30

3,80

7,20

Lageplan M 1:2.500   0   25   50   75   100   125

Schnitt M 1:1.000   0   5   10   20   30   40   50

Sören

Drewsstraße

Federmannstraße

Posadowskystraße

Grabastraße

Poppenrade

Buchholtzstraße

Federmannstraße

Franziusallee

Stadtrat-Hahn Park

KIEL
HOLLWISCH

Den Siedlungsbau am Hollwisch kennzeichnet ein streng geordneter Städtebau mit Zeilenbauten. Zwischen zwei Hauptgebäuden, die sich ausschließlich durch ihre Länge von den übrigen Siedlungshäusern unterscheiden, spannt sich über einen kleinen begrünten Platz hinweg eine Achse, die die symmetrische Wohnanlage mittig teilt. Die beiden Hauptgebäude sind leicht aus der Flucht geschoben und mit Vorbauten und Zwerchgiebeln versehen. Die Endgebäude der Zeilen unterscheiden sich in keiner Weise von den übrigen Häusern. Alle Giebelfassaden sind bis auf zwei mittig gesetzte Öffnungen im Dach fensterlos. Jede der

drei die Siedlung erschließenden Straßen wird von sechs Häusern begleitet, deren Vorgärten mit geschnittenen Hecken an den Rändern zur Straße eingefasst sind. **Vergleicht man den Hollwisch mit der benachbarten Grabastraße (siehe Seite 80), so ist in beiden Straßen ein geordneter öffentlicher Stadtraum, der von einheitlich gestalteten Häusern mit Vorgärten eingefasst ist, abzulesen. Auf der rückwärtigen Seite aber unterscheiden sich die städtebaulichen Anlagen dadurch, dass die Hofräume zwischen den Zeilenbauten am Hollwisch ungenutzt und frei zugänglich sind. Nicht einmal die Erdgeschosswohnungen haben einen Anschluss an den Hofraum. Sieht man von der städtebaulichen Strenge ab, entspricht diese Trennung des Hofraums von seinen Gebäuden dem Entwurf heutiger Stadtquartiere und steht damit im Gegensatz zu lebendigen Wohnvierteln, in denen gewohnt und gearbeitet wird.**

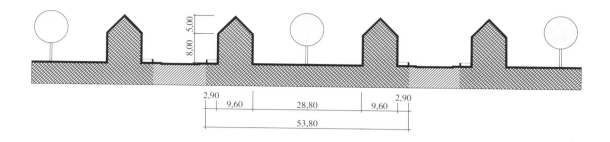

Lageplan M 1 : 2.500   0 25 50 75 100 125

Schnitt und Grundriss M 1 : 1.000   0 5 10 20 30 40 50

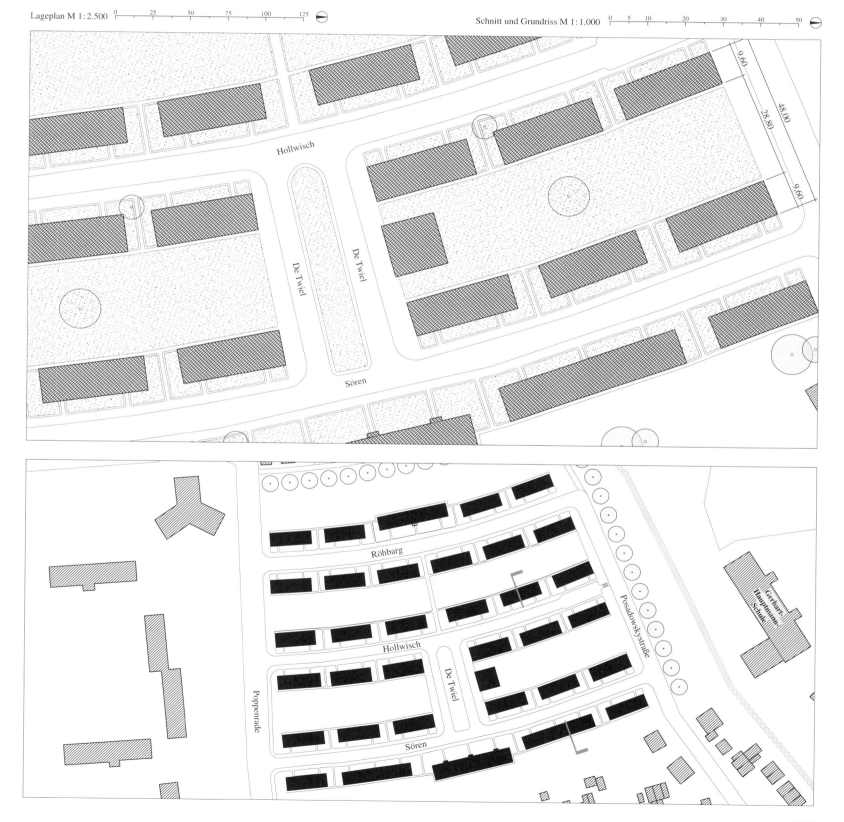

KÖLN
KURFÜRSTENSTRASSE

Die städtebauliche Planung Josef Stübbens für die Stadterweiterung Kölns ist stark beeinflusst vom Verlauf der ab 1881 niedergelegten Befestigungsanlagen. Im Fall des dreieckigen Blocks stimmt die Kurfürstenstraße mit dem Verlauf der östlichen Flanke der dreieckigen Bastion St. Severin überein. Das in der Bebauung eingesetzte vier- bis fünfgeschossige sogenannte Rheinische Drei- beziehungsweise Vierfensterhaus besteht aus einem meist viergeschossigen Vorderhaus und einem niedrigeren Seitenflügel, der sich oft über die gesamte Parzellentiefe erstreckt. **Der Quartiersraum ist in etwa zehn Meter** breite Parzellen aufgeteilt, deren Tiefen zur Mitte des Blockdreiecks zunehmen. Auch wenn die Bebauung im Luftbild architektonisch sehr heterogen erscheint, im Schwarzplan zeigt das Beispiel, wie einfach auch für den heutigen Städtebau schiefwinklige Blockstrukturen handhabbar sind. Die Seitenflügel angrenzender Häuser sind stets gespiegelt, so dass sich diese eine gemeinsame grenzständige Brandwand teilen. Mit der damit einhergehenden Verdopplung der lichten Breite des Hofs verbessert sich auch die Belichtung der Häuser. Die Höfe werden durch eine Tordurchfahrt von der Straße her erschlossen und sind durch eine Mauer getrennt. An den drei Blockecken wird prinzipiell der Diagonaltyp eines Eckhauses eingesetzt. Er ist in diesem Beispiel nur noch an der Ecke Darmstädter/Alteburger Straße erhalten.

HOFRÄUME

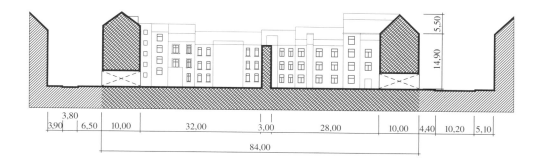

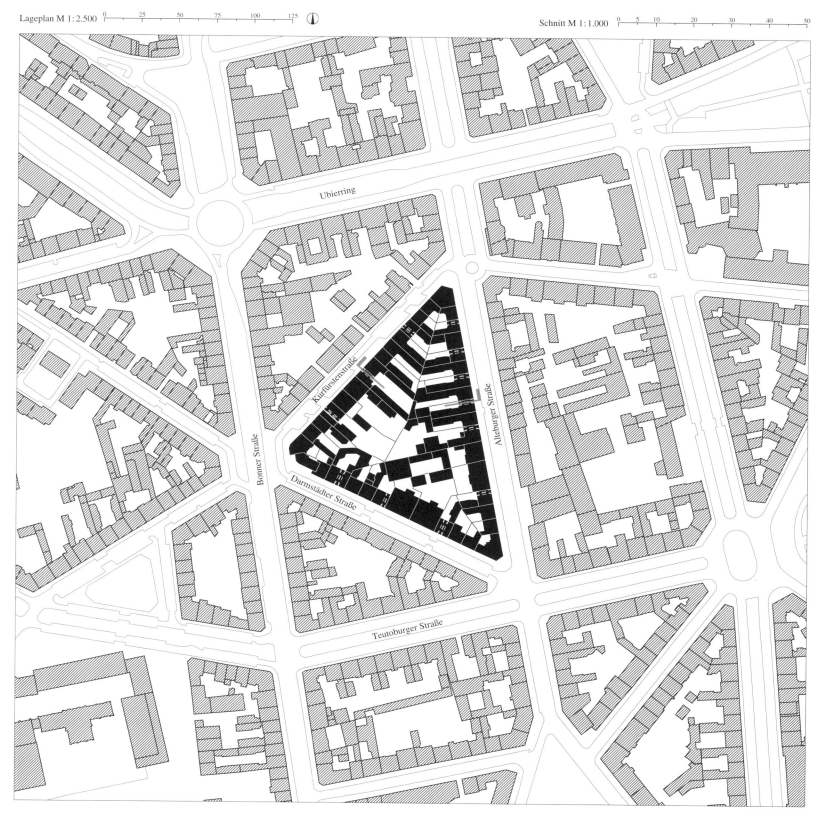

Ubierring

Bonner Straße

Kurfürstenstraße

Alteburger Straße

Darmstädter Straße

Teutoburger Straße

LEIPZIG MÄDLERPASSAGE

Die Mädlerpassage besteht aus zwei Eingangshäusern mit jeweils zwei daran anschließenden Seitenflügeln mit Läden. Der ursprünglich offene Innenhof ist von einem gläsernen Dach gedeckt, während aufwändig gestaltete Fassaden die vorher schlichten Hoffassaden ersetzen und so formal die Straße ins Blockinnere hineinführen. **Das Beispiel demonstriert anschaulich die besondere Rolle von Fassaden im Straßenraum. Der glasgedeckte Gang im Inneren des Blocks erhält aufwändig gestaltete, vor die Verkaufsräume gesetzte Fassaden, um seinen öffentlichen Charakter zu verdeutlichen.**

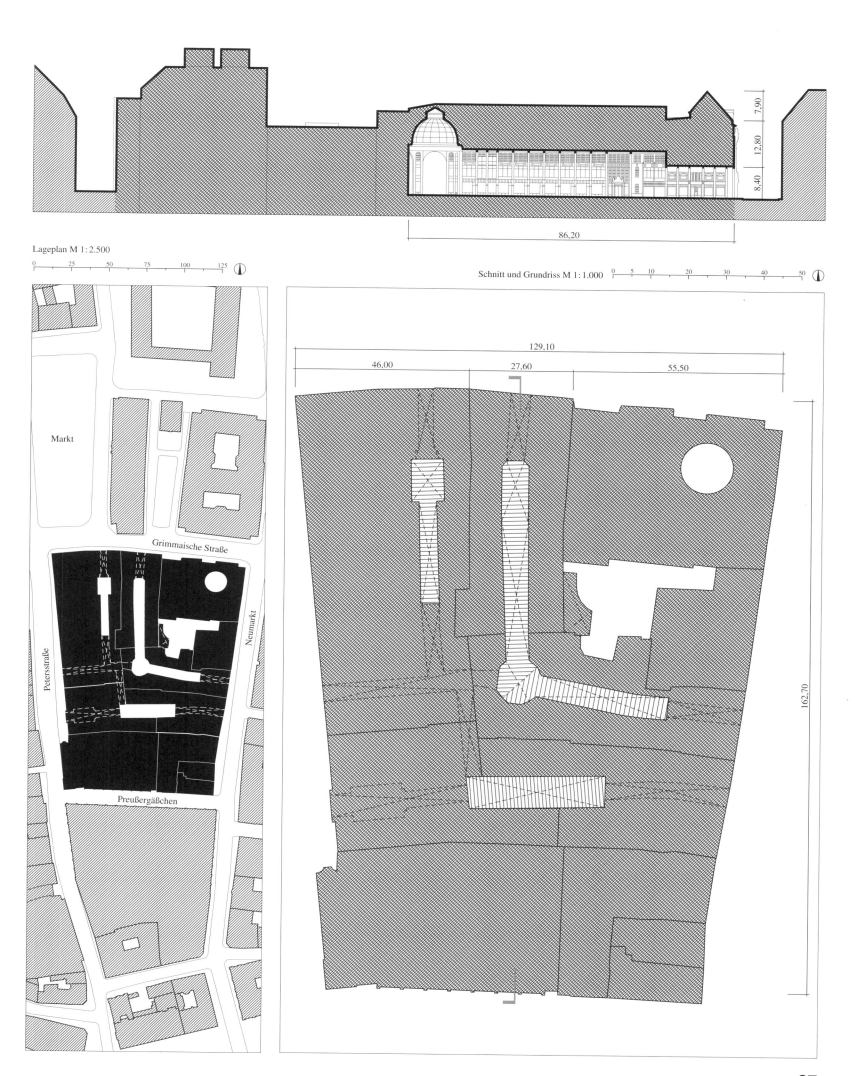

Lageplan M 1 : 2.500

0   25   50   75   100   125

Schnitt und Grundriss M 1 : 1.000   0 5 10   20   30   40   50

Markt

Grimmaische Straße

Petersstraße

Neumarkt

Preußergäßchen

7,90

12,80

8,40

86,20

129,10

46,00

27,60

55,50

162,70

LÜBECK ENGELSGRUBE

Die Hofräume der mittelalterlichen Stadt Lübeck werden durch lange, schmale und annähernd parallele Parzellen aufgeteilt. Bei einer Länge von fast 50 Metern sind sie nur sechs bis neun Meter breit. Die Kopfbauten, dreigeschossige und giebelständige Häuser, stehen in geschlossener Bauweise an den schmalen Gassen und umfassen den gesamten Block. Diese Giebelhäuser mit ihren steilen Satteldächern am Blockrand sind mehr als doppelt so tief wie breit, wobei sie trotzdem lediglich etwa ein Viertel der gesamten Parzellenfläche einnehmen. Der verbleibende Teil der Parzelle ist entlang einer Seite mit zweigeschossigen traufständigen Kleinsthäusern von jeweils etwa 20 Quadratmeter Grundfläche, den sogenannten Buden, bebaut. Sie waren ursprünglich die Unterkünfte für Tagelöhner oder Arbeiter im Dienst der im Vorderhaus wohnenden Kaufmannsfamilie. **Lübecker Gänge als städtebauliches Prinzip: Diese Reihenhäuschen werden je nach Parzellenbreite über zwei bis vier Meter schmale Gassen erschlossen und einseitig über diese belichtet. In der Regel teilen sich zwei benachbarte Häuser eine dieser als Lübecker Gänge bekannt gewordenen Gassen und stellen damit ein städtebauliches Prinzip dar, das sich auf dem Lübecker Wohnungsmarkt großer Beliebtheit erfreut. Zudem sind die Lübecker Gänge für die Kommune ein sehr wirtschaftliches Erschließungssystem. Zur unabhängigen Erschließung von der Straße aus bedarf es lediglich eines Durchgangs unter dem Vorderhaus.**

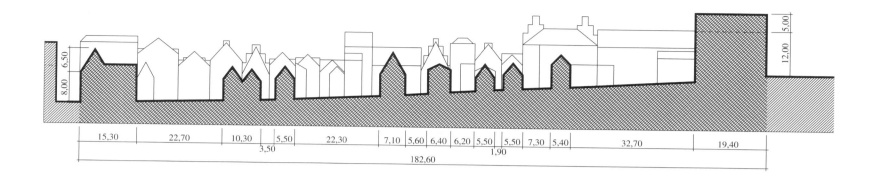

| 15,30 | 22,70 | 10,30 | 5,50 | 22,30 | 7,10 | 5,60 | 6,40 | 6,20 | 5,50 | 5,50 | 7,30 | 5,40 | 32,70 | 19,40 |

3,50

1,90

182,60

Lageplan M 1:2.500   0   25   50   75   100   125

Schnitt und Grundriss M 1:1.000   0   5   10   20   30   40   50

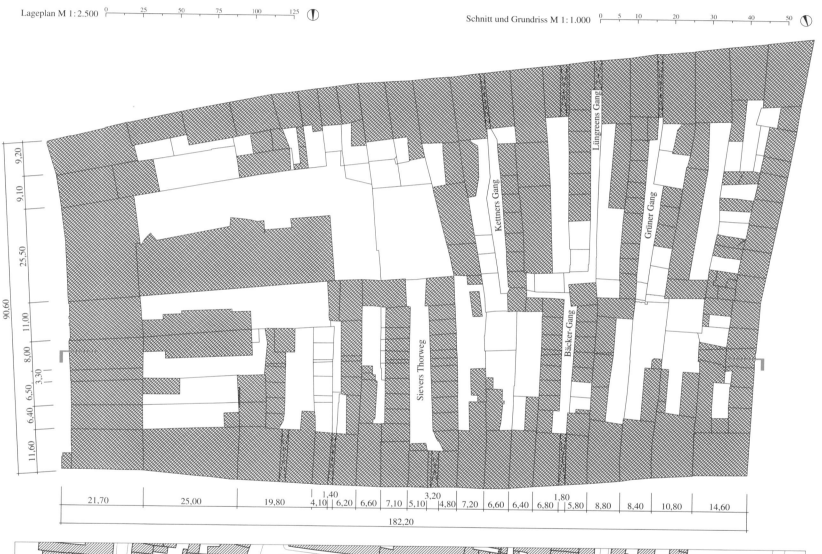

| 21,70 | 25,00 | 19,80 | 4,10 | 6,20 | 6,60 | 7,10 | 5,10 | 4,80 | 7,20 | 6,60 | 6,40 | 6,80 | 5,80 | 8,80 | 8,40 | 10,80 | 14,60 |

1,40

3,20

1,80

182,20

MÜNCHEN
BORSTEI

Eine drei- bis viergeschossige Randbebauung bildet den Rahmen für eine Großform, die nach innen in unregelmäßige Hofräume gegliedert ist. Unterschiedlich architektonisch ausgeformte Einfahrten und Tore schaffen eine klare Abgrenzung der inneren Hofräume zu den umliegenden Straßen. **Die Borstei besteht wie die wenige Jahre später errichtete Berliner Wohnstadt Carl Legien** (siehe Seite 60) **aus standardisierten Wohnungsgrundrissen in einfacher Bauweise. Sie verbindet diese Architektur aber mit besonderen städtebaulichen Qualitäten, die schon im Schwarzplan deutlich werden.** Zurückspringende

Eckbebauungen (1), in den Straßenraum hineingeschobene Mauern (2) in der Einfahrt zur Voitstraße und eine als Tor ausgebildete Durchfahrt mit überhöhtem Dach (3) am Ende dieser Straße verdeutlichen das architektonische Denken, mit dem dieser Städtebau entwickelt wurde. Gleiches gilt für die Innenhöfe. Sie liegen gegenüber der Straße etwas tiefer und nehmen an einigen Stellen Garagen (4) auf, die von flachen Hofeinbauten gegenüber dem baumbestandenen Ruhebereich verdeckt werden. Die hohe Qualität dieser standardisierten Wohnanlage ist allein auf die besondere architektonisch-stadträumliche Herangehensweise im Planungsentwurf zurückzuführen und mit den bürgerbeteiligten Theorieplanungen unserer Zeit nicht herstellbar. Dass die städtebauliche Anlage noch heute über Gemeinschaftseinrichtungen, eigene Läden und einen Kindergarten verfügt, ist ihrer Lage weit außerhalb der Stadt geschuldet.

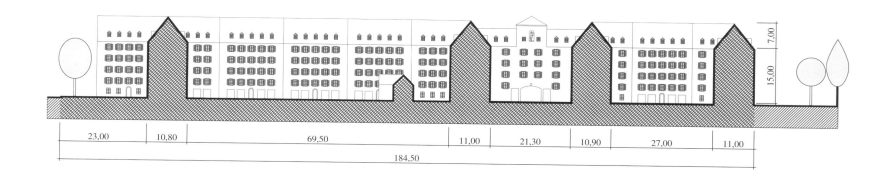

| 23,00 | 10,80 | 69,50 | 11,00 | 21,30 | 10,90 | 27,00 | 11,00 |

184,50

Lageplan M 1 : 2.500

| 0 | 25 | 50 | 75 | 100 | 125 |

Schnitt und Grundriss M 1 : 1.000

| 0 | 5 | 10 | 20 | 30 | 40 | 50 |

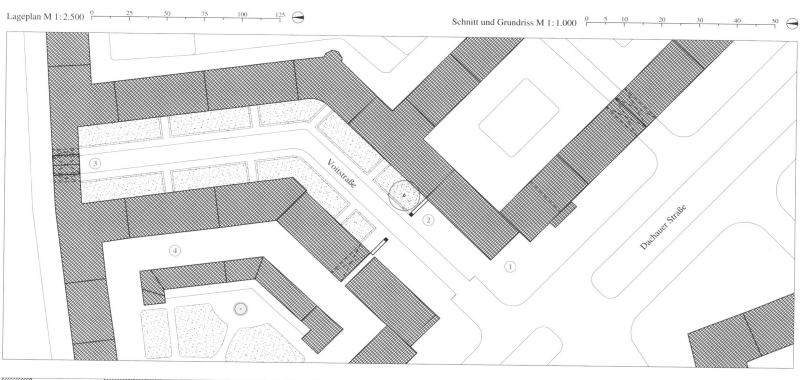

MÜNCHEN
HERZOGSTRASSE

Der lange, schmale Block besitzt, wie auch andere Blöcke in dem um die Jahrhundertwende angelegten Münchner Stadtteil Schwabing, eine direkt am Bürgersteig stehende offene Randbebauung aus Doppelhäusern mit einem erhöhten Parterre, drei Vollgeschossen und einem hohen ausgebauten Walmdach. Für die individuelle Errichtung der Haushälften ist der Block gleichmäßig in knapp 25 Meter breite und nur um ein Weniges tiefere Parzellen aufgeteilt. Der Hofraum weist zwischen den Rückseiten der Flügelhäuser an seinen engsten Stellen eine Tiefe von lediglich 15 Metern auf. **Und diese Enge ist** für Hofräume in Schwabing typisch. Im Städtebau unserer Zeit dagegen wird eine derartige Bebauung als zu dicht bezeichnet. Trotz dieses Urteils in Fachgremien ist der Stadtteil Schwabing bei den Bewohnern Münchens eines der beliebtesten Wohnviertel. Dies ist unter vielen anderen Kriterien auch darauf zurückzuführen, dass die Wohnungen in Schwabing, wie die im Hamburger Generalsviertel (siehe Seite 78), großzügig geschnitten sind und eine Raumhöhe von wenigstens 3,50 Meter haben. Es handelt sich um großstädtische Mietshäuser mit Wohnräumen, in denen es sich ohne einen großzügigen Außenraum komfortabel leben lässt. Enge und niedrige Wohnräume dagegen sind auf die Weite ihres Umfelds angewiesen.

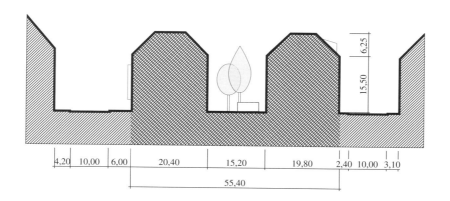

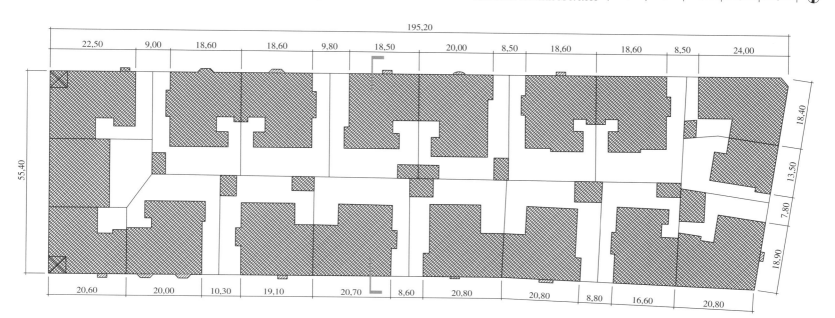

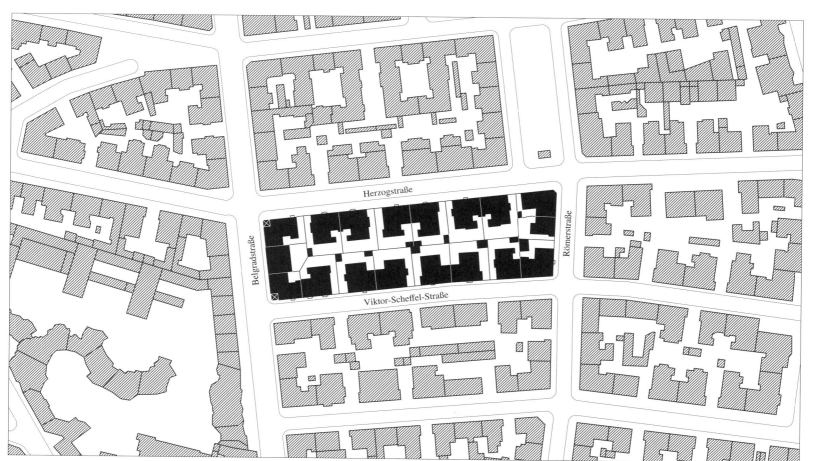

MÜNCHEN TIZIANSTRASSE

Die etwa 6,50 Meter schmalen Reihenhäuser mit Küche und Wohnraum im Erdgeschoss sowie Schlafräumen im Obergeschoss und Dach entsprechen weitgehend exakt Reihenhaustypen, wie sie heute auf dem Markt angeboten werden. Im Vergleich der städtebaulichen Anlage sind zu heutigen Reihenhaussiedlungen schon im Schwarzplan folgende Unterschiede festzustellen, die ganz wesentlich zu Qualitätsdifferenzen führen: **Die Häuser stehen nicht in Zeilen hintereinander, sondern sie bilden einen gemeinsamen Hofraum. Die heute üblichen Funktionsstörungen durch Hauserschließungen, die** privaten Gärten gegenüberliegen, entfallen. Die Häuser haben eine gestaltete Vorderseite und eine Rückseite, mit der sie sich im Straßenraum und zum privaten Gartenhof darstellen. Sie verfügen sowohl im öffentlichen Bereich der Straße, aber auch im privaten Bereich des Hofs über Anbauten, die den Straßenraum gliedern und das Haus auf seiner Rückseite vom Nachbarhaus trennen. Diese Trennung führt in der Straße zu einer Individualisierung der Häuser und im Gartenhof zu der notwendigen Privatisierung in der Abgrenzung gegenüber dem Nachbarn. Die Häuser stehen an öffentlichen Straßen, die von Theodor Fischer sorgsam geplant wurden. Unterschiedliche Breiten und leicht geschwungene Straßenräume, die mit Bäumen bepflanzt sind, verleihen dem städtischen Raum eine hohe städtebauliche Qualität.

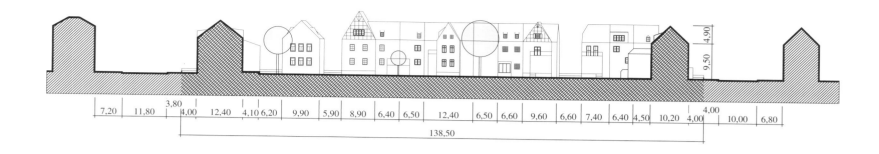

| 7,20 | 11,80 | 3,80 4,00 | 12,40 | 4,10 | 6,20 | 9,90 | 5,90 | 8,90 | 6,40 | 6,50 | 12,40 | 6,50 | 6,60 | 9,60 | 6,60 | 7,40 | 6,40 | 4,50 | 10,20 | 4,00 | 4,00 | 10,00 | 6,80 |

138,50

Lageplan M 1 : 2.500 0 25 50 75 100 125

Schnitt und Grundriss M 1 : 1.000 0 5 10 20 30 40 50

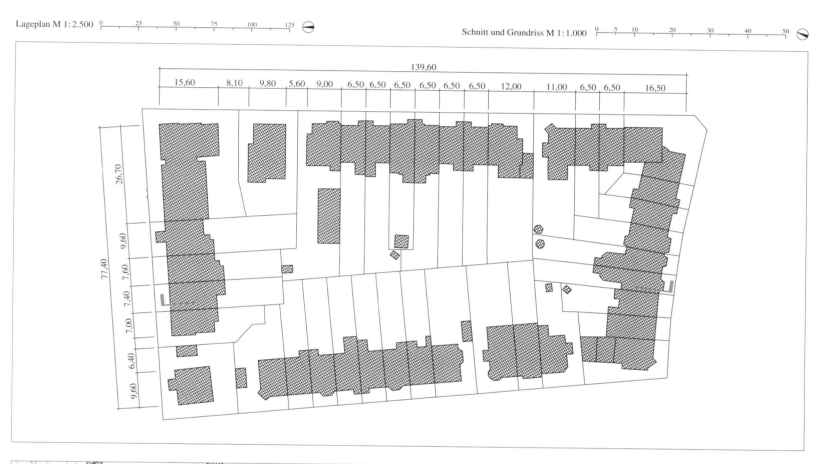

139,60

| 15,60 | 8,10 | 9,80 | 5,60 | 9,00 | 6,50 | 6,50 | 6,50 | 6,50 | 6,50 | 6,50 | 12,00 | 11,00 | 6,50 | 6,50 | 16,50 |

77,40 — 26,70 · 9,60 · 7,60 · 7,40 · 7,00 · 6,40 · 9,60

NÜRNBERG
WEINMARKT

Die schmale Form der mittelalterlichen Blockstruktur in der Nürnberger Altstadt wird durch ihre topografische Lage am Fuße des Stadtburgbergs bestimmt. Die höher am seichten Hang verlaufende Straße Füll und der tiefer gelegene Weinmarkt lassen Platz für lediglich eine Reihe von sieben bis 15 Meter breiten Parzellen, die auf voller Blocktiefe mit einem Wohn- und Geschäftshaustyp spätmittelalterlichen Ursprungs bebaut sind. Der Haustyp besteht aus einem größeren viergeschossigen Vorderhaus, das zum Weinmarkt orientiert ist, und einem kleineren dreigeschossigen Rückgebäude. Der kleine Innenhof zwischen Vorder- und Rückgebäude wird durch eine offene dreigeschossige Galerie überbrückt, so dass die drei Hauptgeschosse der Häuser untereinander verbunden sind. Der Gebäudetyp wird daher auch als Laubenganghaus bezeichnet. Auf breiteren Parzellen kann ein dreigeschossiger Seitenflügel mit weiteren nutzbaren Räumen dazukommen, entsprechend spricht man entweder von einer drei- oder vierflügeligen Anlage. **Wenn dieser mittelalterliche Hofraum als Vorlage für einen städtebaulichen Entwurf auch zu eng erscheint, das beschriebene Schema von Hofraum und Haus ist typologisch offen genug, um, wie in Dresden, auf leicht vergrößerten Parzellen gemischte innerstädtische Nutzungen aus Wohnen und Arbeiten für den heutigen Bedarf aufzunehmen. Zugleich gibt das Beispiel Aufschluss über das Größenverhältnis von Hofräumen der europäischen Stadt aus unterschiedlichen Zeiten.**

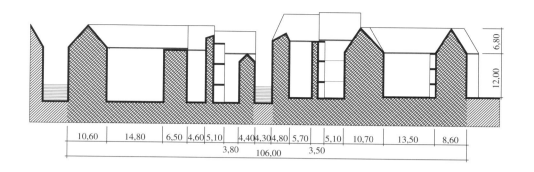

| 10,60 | 14,80 | 6,50 | 4,60 | 5,10 | 4,40 | 4,30 | 4,80 | 5,70 | | 5,10 | 10,70 | 13,50 | 8,60 |

| | 3,80 | | 106,00 | | 3,50 | | |

6,80

12,00

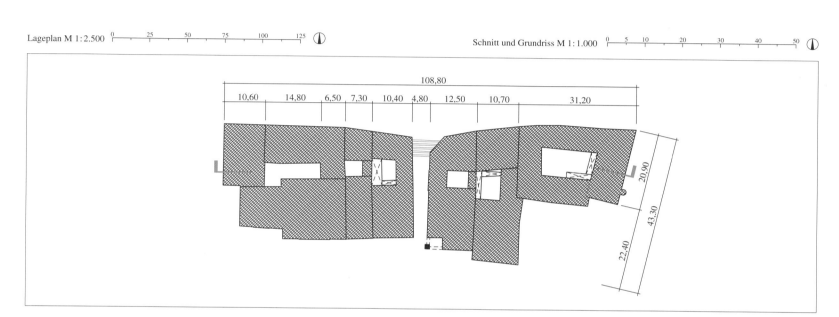

108,80

| 10,60 | 14,80 | 6,50 | 7,30 | 10,40 | 4,80 | 12,50 | 10,70 | 31,20 |

20,90

43,30

22,40

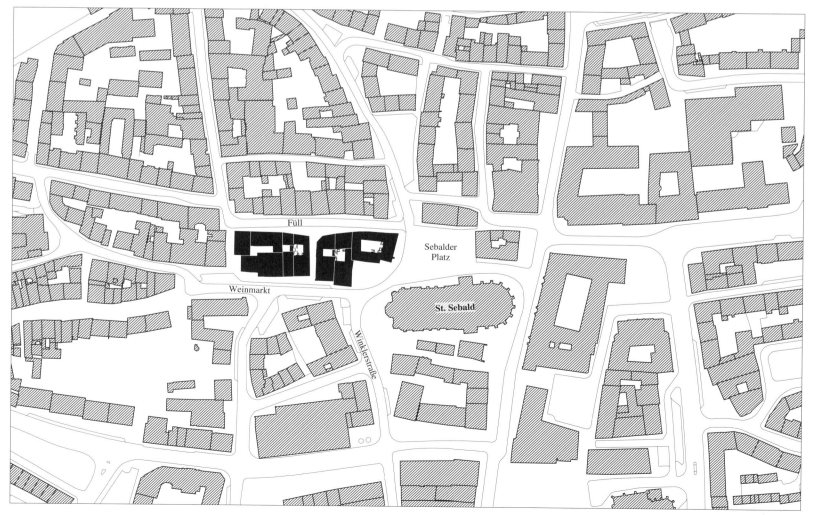

Füll

Sebalder Platz

Weinmarkt

Winklerstraße

St. Sebald

PASSAU
KLEINE MESSERGASSE

Der ausgewählte Block liegt im mittelalterlichen Kernbereich der Altstadt von Passau, deren Blockstruktur stark durch die Topografie der schmalen, zwischen Inn und Donau hoch aufragenden Landzunge bestimmt ist. Abgehend von der städtischen Hauptachse auf dem Hügelkamm, wird das zur Donau abfallende nördliche Stadtgebiet durch eine Reihe von Gassen, darunter die Kleine Messergasse, in unterschiedlich große, geschlossen bebaute Blöcke aufgegliedert. Die ehemaligen Handwerker- oder Kaufmannshäuser weisen zum Teil eine erhebliche Tiefe auf und sind an den schmalen Gassen nur spärlich

belichtet. **Das Beispiel zeigt eine Umkehrung der Belichtungsverhältnisse. Die nicht einmal fünf Meter breiten Gassen geben den Häusern über die Fenster ihrer Straßenfassaden kaum die Möglichkeit einer Belichtung und erfordern deshalb wie beim Typ des Atriumhauses eine Belichtung über die drei Innenhöfe des Blocks. Das Beispiel Kleine Messergasse ist im heutigen städtebaulichen Entwurf kaum umsetzbar, bietet aber die Möglichkeit, im Zusammenhang von Gassenbildungen über den Typus des Atriumhauses nachzudenken.** Als charakteristisch für das Stadtbild sind darüber hinaus die flach geneigten Grabendächer und die über diese hinaus hochgezogenen Attikamauern zu erwähnen. Der horizontale, von einem ausladenden Hauptgesims betonte Fassadenabschluss verleiht den Häusern eine strenge kubische Form.

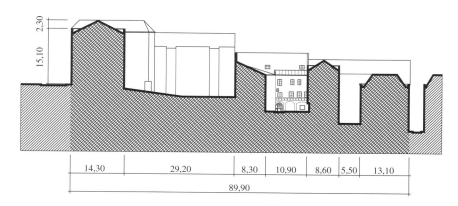

14,30 29,20 8,30 10,90 8,60 5,50 13,10

89,90

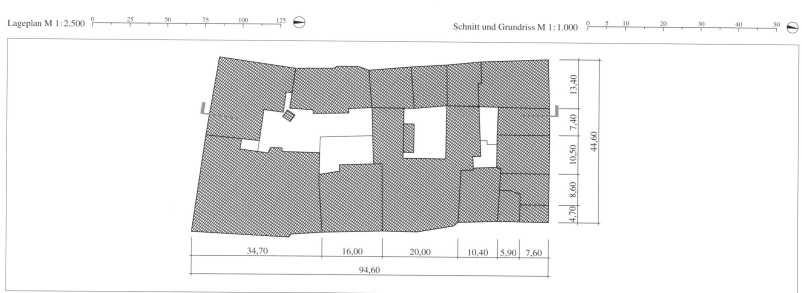

13,40

7,40

10,50

44,60

8,60

4,70

34,70 16,00 20,00 10,40 5,90 7,60

94,60

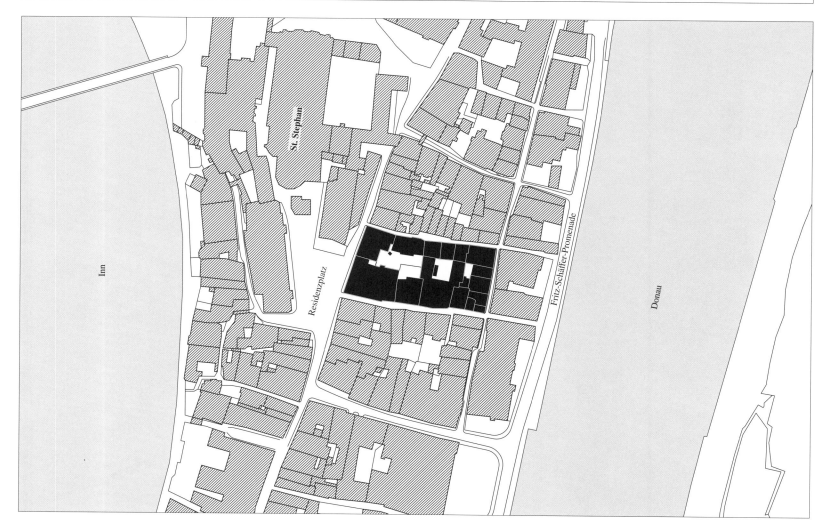

Inn

St. Stephan

Residenzplatz

Fritz-Schäffer-Promenade

Donau

POTSDAM
HOLLÄNDISCHES VIERTEL

Die vier Häuserblöcke des Holländischen Viertels sind der letzte Bauabschnitt der zweiten barocken Stadterweiterung nördlich der Altstadt von Potsdam. **Die zweigeschossigen Häuser aus unverputztem Ziegelsteinmauerwerk wurden als Typenhäuser mit rückwärtigem Hof, Nebengebäuden und Hausgarten angelegt. Die Erschließung der Häuser erfolgt über einen Gang, der den Hof mit der Straße verbindet. Diese direkte Verbindung, die im dreiachsigen Haustyp des Holländischen Viertels angelegt ist, ermöglicht eine Nutzung der Gebäude im Hofraum.** Gleichzeitig stellen die sogenannten Brandgassen an den Straßenecken, die ursprünglich für die Feuerwehr vorgesehen waren, einen Zugang zum Hofinnenraum dar. Vor allem aber das Prinzip der dreiachsigen Durchgangshäuser, die wie der heutige Reihenhaustyp nur 2,5-geschossig sind, ermöglicht eine städtische Mischnutzung, die prinzipielles Vorbild für eine Reihenhausbebauung im modernen Städtebau sein kann.

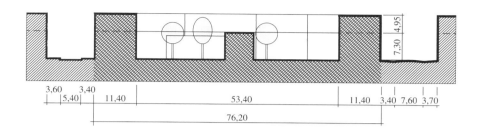

3,60 3,40
5,40
11,40
53,40
11,40 3,40 7,60 3,70
76,20

7,30 4,95

Lageplan M 1:2.500　0　25　50　75　100　125

Schnitt und Grundriss M 1:1.000　0　5　10　20　30　40　50

16,10

14,80

17,70　79,60

14,80

16,20

11,70 4,30 14,10 8,70 8,70 8,80 8,80 8,80 16,60 17,80 17,40 8,70 14,50 4,30 11,50

164,70

Kurfürstenstraße

Benkertstraße

Friedrich-Ebert-Straße

Mittelstraße

REGENSBURG WAHLENSTRASSE

Das einstige römische Militärlager, auf dessen Fläche sich das heutige Regensburg im Laufe des Mittelalters ausbreitete, war für weite Teile des bis heute erhaltenen Stadtgrundrisses strukturgebend. Die Bebauung an der Wahlenstraße nimmt die Ausrichtung des rechteckigen Lagers auf und entspricht mit 175 Meter Länge dem Abschnitt der steinernen Befestigungsmauer. Ihre Breite von nur etwa 30 Metern dürfte sich dagegen aus der Überbauung der doppelten Grabenanlage ergeben haben. **Das Zusammenspiel einer Vielfalt von Haustypen, das mittels unterschiedlicher Geschossigkeit und gut dimensionierter**

Innenhöfe die Belichtung dichter innerstädtischer Bebauungen zu lösen vermag, kann ebenso heute einen städtebaulichen Entwurfsansatz ermöglichen. Wie alle mittelalterlichen Beispiele dient aber auch die Wahlenstraße in Regensburg nur dem Studium und dem Vergleich unterschiedlicher Größen und Typologien von Hofräumen. Die etwa 15 Meter tiefen Häuser an der Wahlenstraße haben im Laufe der Jahrhunderte unzählige Umbauten erfahren, wodurch eine große typologische Vielfalt an Wohn- und Geschäftshäusern, aber auch eine besonders hohe Dichte entstanden ist. Neben einfachen Aufstockungen von Reihenhäusern von bis zu fünf Geschossen sind aus der Zusammenlegung von seitlich angrenzenden oder gegenüberliegenden Gebäuden und dem Anbau von kurzen Seitenflügeln drei- oder vierflügelige Anlagen um einen kleinen Innenhof entstanden.

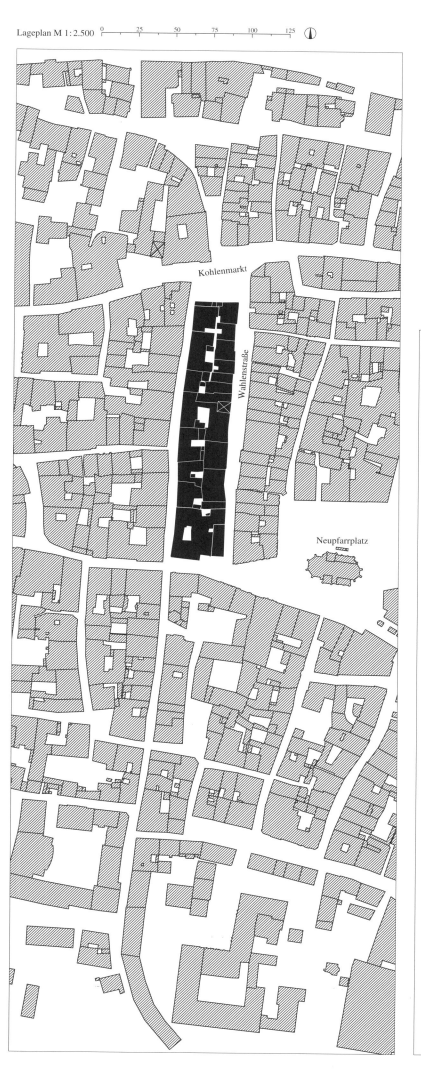

Lageplan M 1:2.500

0   25   50   75   100   125

Kohlenmarkt

Wahlenstraße

Neupfarrplatz

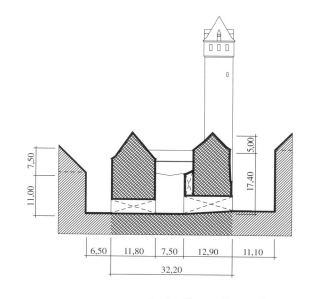

7,50

11,00

5,00

17,40

6,50   11,80   7,50   12,90   11,10

32,20

Schnitt und Grundriss M 1:1.000

0   5   10   20   30   40   50

29,20

18,40   10,80

15,00

11,60

13,90

8,90

6,70

6,80

5,70

7,60

174,90

20,40

18,40

22,20

4,80

10,50

22,40

103

STUTTGART KOLONIE OSTHEIM

Das von einer Genossenschaft um 1900 errichtete Quartier erstreckt sich auf etwa 650 Meter Länge zwischen zwei parallel verlaufenden Erschließungsstraßen. Seine symmetrisch städtebauliche Figur aus Blöcken in offener Blockrandbebauung ist vor allem durch zwei sich diagonal kreuzende Straßen bestimmt. Die so entstandenen Hofräume werden von zweigeschossigen Häusern mit ausgebautem Dachraum eingefasst. Es handelt sich dabei um meist einspännige Doppelhäuser, die als Haustyp entwickelt sind und im Stadtraum in unterschiedlichen Gebäudeformen mit variierenden Fassaden in Erscheinung treten.

Um die Bebauung an den Raumecken einzufassen, werden alle Eckhäuser um ein beziehungsweise zwei Geschosse erhöht. In dem drei Meter messenden Abstand zwischen den Häusern befinden sich die Hauseingänge und der Zugang zum Innenhof. **Die Hofräume der Stuttgarter Kolonie Ostheim sind begrünt, haben eine mitteldichte Bebauung und können, ähnlich wie die Wohnanlage in Dresden-Striesen** (siehe Seite 72)**, Vorbild für den städtebaulichen Entwurf einer Wohnbebauung in offener Bauweise mit typisierten Häusern sein. Beispielhaft sind auch die unterschiedlichen Erscheinungsformen der Typenhäuser.**

Lageplan M 1:2.500

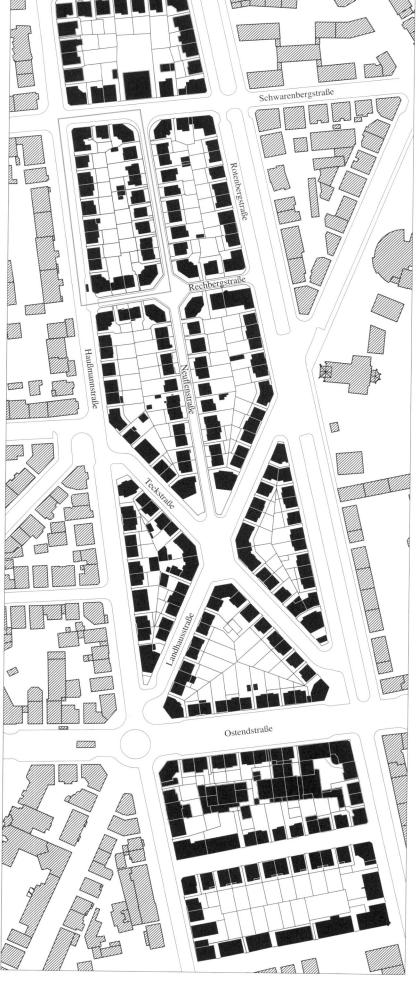

Schwarenbergstraße

Rotenbergstraße

Rechbergstraße

Haußmannstraße

Neuffenstraße

Teckstraße

Landhausstraße

Ostendstraße

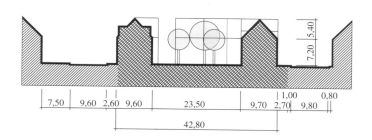

7,50	9,60	2,60	9,60	23,50	9,70	2,70	1,00	9,80	0,80

7,20 5,40

42,80

Schnitt und Grundriss M 1:1.000

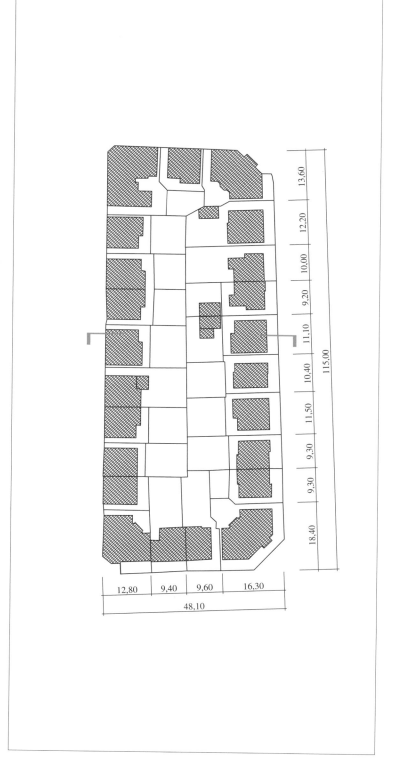

13,60
12,20
10,00
9,20
11,10
10,40
11,50
9,30
9,30
18,40

115,00

12,80	9,40	9,60	16,30

48,10

STUTTGART MOZARTSTRASSE

Das Heusteigviertel in Stuttgart entwickelte sich um die Wende zum 20. Jahrhundert und ist ein architektonisch besonderes Beispiel für den Städtebau, weil die Häuser sehr schön herausgearbeitete Straßenfassaden mit wenigstens einem Erker aufweisen, der in diesen Straßenraum hineinragt. Im Umbruch zum Jugendstil errichtet, sind sie im kriegszerstörten Stuttgart weitgehend erhalten geblieben. Bei den Wohnhäusern handelt es sich um fünfgeschossige Mietshäuser, die in offener Bauweise um einen Hof herum errichtet sind und in einem Abstand von nur drei Metern zueinander stehen. **Die Hofräume sind** im gesamten Heusteigviertel dicht bebaut. In enger Nachbarschaft zu den Wohnhäusern an der Straße finden sich Hofgebäude, die für Handwerksbetriebe bestimmt waren und noch heute meist so genutzt werden. Es handelt sich im besten Sinne um ein gemischt genutztes Stadtquartier, das in den zwei- bis dreigeschossig bebauten Höfen eng erscheint, aber einer der beliebtesten Stadtteile Stuttgarts ist.

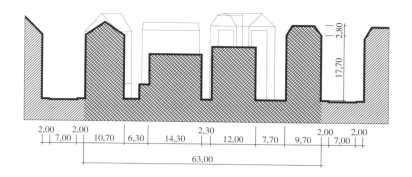

2,80

17,70

| 2,00 | 2,00 | | | | 2,30 | | | | 2,00 | 2,00 |
| 7,00 | 10,70 | 6,30 | 14,30 | | 12,00 | 7,70 | 9,70 | | 7,00 |

63,00

Lageplan M 1 : 2.500   0   25   50   75   100   125

Schnitt und Grundriss M 1 : 1.000   0   5   10   20   30   40   50

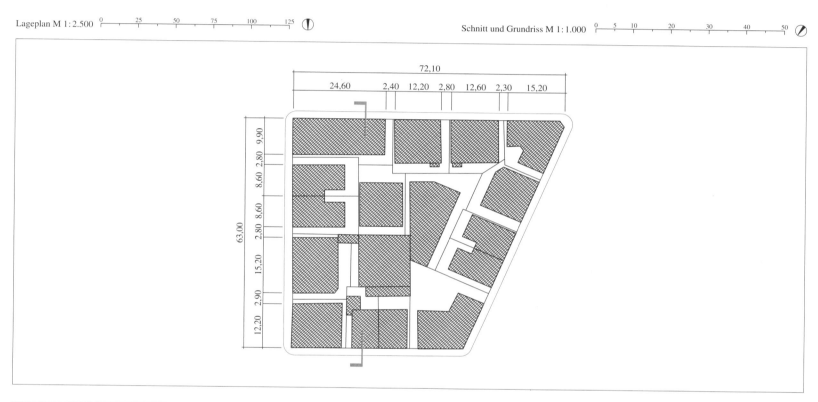

72,10

| 24,60 | 2,40 | 12,20 | 2,80 | 12,60 | 2,30 | 15,20 |

9,90
2,80
8,60
8,60
2,80
15,20
2,90
12,20

63,00

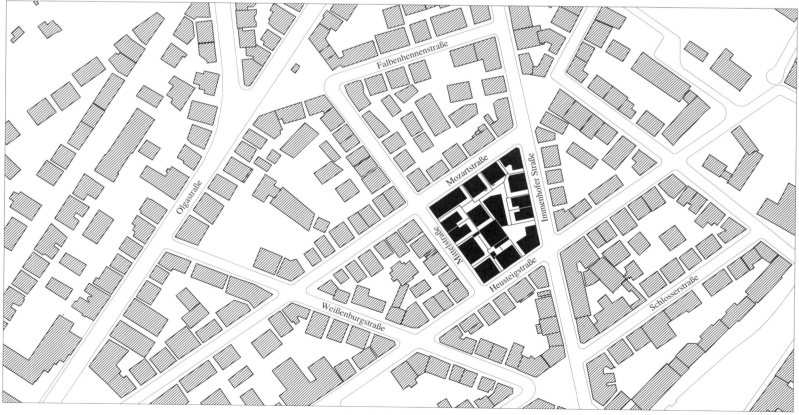

Falbenhennenstraße

Olgastraße

Mozartstraße

Immenhofer Straße

Mittelstraße

Heusteigstraße

Weißenburgstraße

Schlosserstraße

WEIMAR JAHNSTRASSE

Im Zuge der Verdopplung der Einwohnerzahl Weimars zwischen 1871 und 1914 wurden große Areale am Rande der Stadt zu Bauland bestimmt. Charakteristisch für das gesamte Erweiterungsgebiet ist die offene Bauweise mit zwei- bis dreigeschossigen Wohnhäusern, die in einer Mischung aus Mietshäusern und Villen errichtet wurden. Die Bebauung an der Jahnstraße stammt vom Beginn des 20. Jahrhunderts. Bis auf wenige Nebengebäude, genutzt für die Lagerung von Holz und Kohle, ist der fast quadratische Hofraum frei von Bebauung und mit großen Bäumen bewachsen. **Beispielhaft und für unsere Zeit** vorbildlich ist der 80 × 80 Meter messende Hofraum mit seiner Einfassung durch dreigeschossige Mietshäuser. Obwohl die Häuser der Westvorstadt zu etwa 50 Prozent durch Bauunternehmer (Investoren) errichtet und verkauft wurden, weist die Bebauung eine abwechslungsreiche Architektur auf. Dies ist darauf zurückzuführen, dass es ein Ortsstatut gab, in dem die Mischung von Einzel- und Doppelhäusern festgelegt war. Zugleich soll an diesem Beispiel die architektonische Vielfalt in der städtebaulich stringent festgelegten Einheit, wie sie in der klaren Anordnung der Häuser zur Straße, aber beispielsweise auch in der Dachlandschaft mit ihren roten Ziegeln zum Ausdruck kommt, hervorgehoben werden.

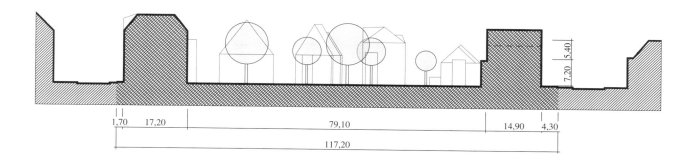

1,70   17,20   79,10   14,90   4,30

5,40
7,20

117,20

Lageplan M 1:2.500

0   25   50   75   100   125

Schnitt und Grundriss M 1:1.000

0   5   10   20   30   40   50

Paul-Schneider-Straße

Abraham-Lincoln-Straße

Jahnstraße

Trierer Straße

William-Shakespeare-Straße

Schwabestraße

Thomas-Müntzer-Straße

Zöllnerstraße

110,20

12,00   5,50   11,00   5,50   13,10   7,10   14,00   6,80   12,80   5,70   16,70

14,70

6,80

14,50

5,60

13,50

5,70

13,80

5,30

15,80

95,70

WIESBADEN
ADELHEIDSTRASSE

Der geschlossen bebaute Block der spätgründerzeitlichen Stadterweiterung Wiesbadens liegt am Kreuzungspunkt des Kaiser-
Friedrich-Rings und der Adelheidstraße, die beide als sehr breite
Alleen ausgeführt sind. Auf den in der Regel 14 Meter breiten und
32 Meter tiefen Parzellen an diesen Blockseiten wurden in viergeschossigen Häusern großzügige Geschosswohnungen errichtet. An
der mittleren Parzellengrenze stehen dreigeschossige Hinterhäuser,
die beidseitig über eine Tordurchfahrt im Vorderhaus erreichbar sind.
Jede der etwa 200 Quadratmeter großen Wohnungen des einspännig

erschlossenen Vorderhauses verfügt über eine geräumige, zur Allee
ausgerichtete Loggia. Zur Jahnstraße findet sich dagegen ein modi-
fizierter mehrspänniger Haustyp mit kleineren Wohnungen, der wegen
der Nordorientierung keine Loggien hat. **Der städtebauliche Entwurf der Adelheidstraße kompensiert die nur 14 Meter tiefen, über
alle Parzellen verlaufenden Innenhöfe mit einer in ihrem Inneren
großflächigen und mit hohen Räumen ausgestatteten Architektur
von Mietwohnungen, wie sie auch im Hamburger Generalsviertel**
(siehe Seite 78) **oder in der Münchner Herzogstraße** (siehe Seite 92) **zu
finden ist. Die Südseite der Bebauung ist mit Vorgärten, Loggien
und Erkern versehen und nutzt beispielhaft den öffentlichen Grün-
raum der von der Kommune angelegten städtischen Allee.**

HOFRÄUME

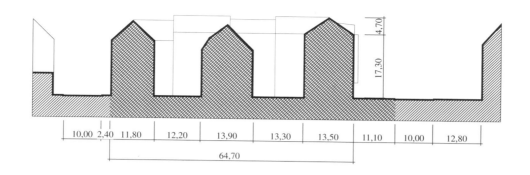

| 10,00 | 2,40 | 11,80 | 12,20 | 13,90 | 13,30 | 13,50 | 11,10 | 10,00 | 12,80 |

64,70

Lageplan M 1:2.500   0 25 50 75 100 125

Schnitt und Grundriss M 1:1.000   0 5 10 20 30 40 50

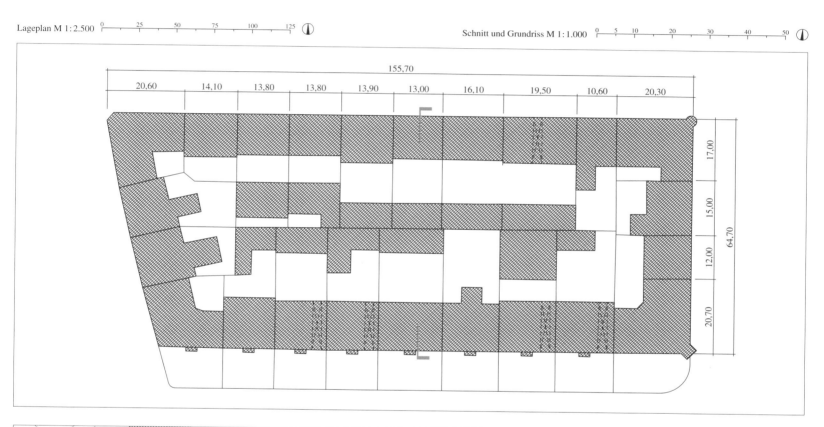

155,70

| 20,60 | 14,10 | 13,80 | 13,80 | 13,90 | 13,00 | 16,10 | 19,50 | 10,60 | 20,30 |

17,00

15,00

12,00

20,70

64,70

Werner-von-Siemens-Schule

Jahnstraße

Adelheidstraße

Kaiser-Friedrich-Ring

Wörthstraße

AUTOREN

Vittorio Magnago Lampugnani studierte Architektur in Rom und Stuttgart, wo er 1977 promovierte. Nach einer Assistententätigkeit am dortigen Institut für Grundlagen der modernen Architektur und Entwerfen war er zwischen 1980 und 1984 Wissenschaftlicher Berater der Internationalen Bauausstellung (IBA) Berlin. 1990 übernahm er die Herausgeberschaft der Zeitschrift Domus sowie die Leitung des Deutschen Architekturmuseums in Frankfurt am Main, das er bis 1995 führte. Er hatte unter anderem eine Professur an der Graduate School of Design der Harvard University inne. Von 1994 bis 2016 war er Professor für Geschichte des Städtebaus an der ETH Zürich. Er führt eigene Architekturbüros in Mailand sowie Zürich und ist Fellow am Wissenschaftskolleg zu Berlin.

Christoph Mäckler studierte Architektur in Darmstadt und in Aachen und führt seit 1981 ein eigenes Büro für Architektur und Städtebau in Frankfurt am Main. Nach Gastprofessuren in Kassel, Neapel, Braunschweig und Hannover hatte er von 1998 bis 2018 den Lehrstuhl Städtebau an der TU Dortmund inne. Er ist Direktor des Deutschen Instituts für Stadtbaukunst, das er gemeinsam mit Wolfgang Sonne 2008 gründete. Er war Vorsitzender des Gestaltungsbeirats Dom-Römer in Frankfurt am Main und ist Mitglied der Gestaltungsbeiräte in Münster und Soest sowie des Kuratoriums der Bundesstiftung Baukultur.

Werner Oechslin studierte Kunstgeschichte, Archäologie, Philosophie und Mathematik in Zürich und Rom. Er lehrte in Boston, Berlin, Bonn und Genf und war von 1985 bis 2010 Professor an der ETH Zürich. Von 1986 bis 2007 war er Direktor des Instituts für Geschichte und Theorie der Architektur. 1998 gründete er die Bibliothek Werner Oechslin in Einsiedeln in der Schweiz, eine Forschungsbibliothek, in der bibliothekarisches Wissen und eine tiefer führende Erforschung der Quellenschriften in engster Verbindung stehen. Die Stiftung Bibliothek Werner Oechslin steht in Kooperation mit der ETH Zürich und ist Mitglied der Schweizerischen Akademie der Geistes- und Sozialwissenschaften / SAGW und der Schweizerischen Akademie der Technischen Wissenschaften.

Alexander Pellnitz studierte Architektur in Berlin und Mailand und promovierte 2011 an der TU Berlin. Von 2000 bis 2003 war er Mitarbeiter und Assistent von Giorgio Grassi im Studio und am Politecnico di Milano und von 2008 bis 2014 Wissenschaftlicher Leiter des Deutschen Instituts für Stadtbaukunst an der TU Dortmund. Seit 2015 ist er Professor für Städtebau und Stadttheorie an der THM Technische Hochschule Mittelhessen in Gießen und leitet das von ihm 2020 gegründete Institut für Architektur und Städtebau an der THM. Seit 2004 führt er ein eigenes Büro für Architektur und Städtebau in Berlin.

Anne Pfeil absolvierte zunächst ein Biologiestudium an der Rheinischen Friedrich-Wilhelms-Universität in Bonn. Anschließend studierte sie Architektur an der TU Berlin. Nach verschiedenen Tätigkeiten in Planungs- und Architekturbüros war sie Wissenschaftliche Mitarbeiterin an der Universität Hannover und an der TU Dresden und promovierte 2012 im Rahmen der Dresden Leibniz Graduate School (DLGS) an der TU Dresden. Seit 2012 ist sie Stellvertretende Stadtarchitektin in der Stadt Zug (Schweiz).

Jan Pieper studierte Architektur und Architekturgeschichte in Berlin, Aachen und London. Er arbeitete im Büro von Gottfried Böhm in Köln und war nach seiner Promotion von 1974 bis 1976 dessen Wissenschaftlicher Assistent am Lehrstuhl für Stadtbereichsplanung und Werklehre an der RWTH Aachen. Am Institut für Kunstgeschichte der RWTH Aachen wurde er 1978 habilitiert. Nach Professuren für Baugeschichte an der FH Köln und für Architektur- und Stadtgeschichte an der TU Berlin hatte er von 1993 bis 2013 den Lehrstuhl für Baugeschichte und Denkmalpflege an der RWTH Aachen inne.

Birgit Roth studierte Innenarchitektur in Rosenheim und Baukunst in Düsseldorf. Von 1989 bis 2011 plante und leitete sie als angestellte Architektin zahlreiche Kultur-, Verwaltungs- und Wohnungsbauprojekte. Sie war von 2008 bis 2018 Wissenschaftliche Mitarbeiterin am Lehrstuhl Städtebau an der TU Dortmund und erforscht seit 2011 die morphologische und typologische Struktur der Stadt am Deutschen Institut für Stadtbaukunst. 2016 übernahm sie dessen Wissenschaftliche Leitung. Sie hat die Ausstellung „Plätze in Deutschland 1950 und heute" kuratiert und war Mitglied des Städtebaubeirats in Frankfurt am Main.

Mirjam Schmidt studierte Kunstgeschichte in München und Frankfurt am Main. Nach ihrer Tätigkeit im Bereich zeitgenössischer Kunst wechselte sie 2010 zu Meixner Schlüter Wendt Architekten in Frankfurt am Main. Von 2013 bis 2018 war sie Assistentin von Christoph Mäckler. 2018 übernahm sie die Position einer Dezernatsreferentin bei der Stadt Frankfurt am Main und wurde Ende 2018 für Bündnis 90 / Die Grünen als Abgeordnete in den Hessischen Landtag gewählt.

Wolfgang Sonne studierte Kunstgeschichte und Klassische Archäologie in München, Paris und Berlin. Von 1994 bis 2003 war er Assistent, Oberassistent und Dozent an der Professur für Geschichte des Städtebaus sowie am Institut für Geschichte und Theorie der Architektur an der ETH Zürich, wo er 2001 promovierte. Nach Lehrtätigkeiten an der Harvard University in Cambridge, Massachusetts, sowie in Wien und Glasgow ist er seit 2007 Professor für Geschichte und Theorie der Architektur an der TU Dortmund. Er ist Stellvertretender Direktor des Deutschen Instituts für Stadtbaukunst, das er gemeinsam mit Christoph Mäckler 2008 gründete, und Wissenschaftlicher Leiter des Baukunstarchivs NRW.

Jürg Sulzer studierte Architektur und Städtebau in Berlin. Er promovierte 1977 an der TU Berlin und war bis 1982 als Stadtplaner beim Berliner Bausenator tätig. Von 1983 bis 2004 war er Stadtplaner der Stadt Bern. An der TU Dresden hatte er von 2004 bis 2015 den Lehrstuhl für Stadtumbau und Stadtentwicklung inne und leitete das Görlitz Kompetenzzentrum Revitalisierender Städtebau sowie von 2009 bis 2016 das Forschungsprojekt des Schweizerischen Nationalfonds NFP 65 Neue Urbane Qualität. Er ist Mitglied der Kommission für Stadtgestaltung in München und Vorsitzender der Gestaltungskommission in Dresden.

Thomas Will studierte Architektur in München, Zürich und an der Cornell University / Ithaka / NY. Er arbeitete als Architekt im Büro O. M. Ungers in Köln und war ab 1979 Assistent an der TU München, wo er 1985 die kommissarische Leitung des Aufbaustudiengangs Denkmalpflege übernahm. Ab 1994 hatte er den Lehrstuhl für Denkmalpflege und Entwerfen an der TU Dresden inne und ist dort seit 2018 Seniorprofessor. Seit 1979 ist er auch als freischaffender Architekt tätig, von 1987 bis 1996 führte er das Architekturbüro Valena & Will in München.

BILDNACHWEIS

BAND 1
STADTRÄUME

Bayerische Vermessungsverwaltung –
www.geodaten.bayern.de,
Creative Commons Namensnennung
3.0 Deutschland Lizenz (CC BY 3.0 DE)
38, 44, 50, 54, 116, 118

Berlin Open Data, Bildflug Berlin,
März 2011
© GeoBasis-DE/SenStadtUm III (2011)
82, 84

Bundesamt für Kartographie und Geodäsie
86, 96, 100, 106

Bundeshauptstadt Berlin,
Senatsverwaltung für Stadtentwicklung
und Umwelt
80

GeoBasis-DE/LGB, dl-de/by-2-0
122

Geobasisinformation und
Vermessung Sachsen
90

Geobasisinformation und Vermessung
Sachsen, über Stadt Leipzig,
Amt für Geoinformation und
Bodenordnung 2011
110

Hansestadt Lübeck, Stadtplanung
46

Landesamt für Geoinformation und
Landentwicklung Baden-Württemberg
42

Landesamt für Geoinformation und
Landesvermessung Niedersachsen
über Stadt Oldenburg, Fachdienst
Stadtinformation und Geodaten
120

Landesamt für innere Verwaltung
Mecklenburg-Vorpommern,
Amt für Geoinformation,
Vermessungs- und Katasterwesen
40

Landesamt GeoInformation Bremen
88

Landeshauptstadt Düsseldorf,
Vermessungs- und Liegenschaftsamt –
Lizenz Nr.: 62/62-221/2014
92

Landeshauptstadt Hannover,
Geoinformation
104

Landeshauptstadt Mainz, Bauamt,
Sachgebiet GIS und Kartographie
114

Landeshauptstadt Stuttgart,
Amt für Stadtplanung
und Stadterneuerung
124

Landeshauptstadt Wiesbaden,
Tiefbau- und Vermessungsamt
114

Stadt Essen, Amt für Geoinformation,
Vermessung und Kataster
94

Stadt Frankfurt am Main,
Stadtvermessungsamt
98

Stadt Köln, Stadtplanungsamt
108

Stadt Ludwigshafen, Darstellung auf
Grundlage der Stadtgrundkarte –
Basiskarte: Liegenschaftskarte der
Vermessungs- und Katasterverwaltung,
Landesamt für Vermessung und
Geobasisinformation
112

Stadt Münster,
Vermessungs- und Katasteramt,
Luftbild 2008
48

Stadt Regensburg, Stadtplanungsamt
52

Stadt Weimar, Stadtentwicklungsamt,
Abteilung Geoinformation und Statistik
126

Transparenzportal Hamburg
102

NACHWEIS DER ZEICHNUNGSQUELLEN

**BAND 1
STADTRÄUME**

BAND 4
STRASSENRÄUME

Grundlage der vorliegenden Arbeit ist das Forschungsprojekt „Handbuch der Stadtbaukunst", das im Rahmen der Nationalen Stadtentwicklungspolitik aus dem Bundeshaushalt gefördert wurde.

NATIONALE
STADT
ENTWICKLUNGS
POLITIK

Die Zeichnungen entstanden auf Grundlage von zur Verfügung gestellten Dateien der Städte:

AACHEN ALSFELD ANSBACH AUGSBURG BAD AROLSEN BAD TÖLZ BAMBERG BERLIN BIELEFELD BOCHUM BRAUNSCHWEIG BREMEN CELLE CHEMNITZ DINKELSBÜHL DORTMUND DRESDEN DÜSSELDORF EISENHÜTTENSTADT ESSEN FRANKFURT AM MAIN FREIBURG FREUDENSTADT GÖRLITZ GREIFSWALD HALLE HAMBURG HANNOVER HEIDELBERG KARLSRUHE KASSEL KEMPTEN KIEL KÖLN LANDSHUT LEIPZIG LINDAU LÜBECK LUDWIGSBURG LUDWIGSHAFEN LÜNEBURG MAINZ MANNHEIM MÜNCHEN MÜNSTER NÖRDLINGEN NÜRNBERG OLDENBURG PASSAU POTSDAM PUTBUS REGENSBURG ROSENHEIM SCHWÄBISCH GMÜND SPEYER STRALSUND STUTTGART TRIER TÜBINGEN WANGEN IM ALLGÄU WARENDORF WEIMAR WIESBADEN WISMAR WUPPERTAL

MIT BEITRÄGEN VON
VITTORIO MAGNAGO LAMPUGNANI
WERNER OECHSLIN
JAN PIEPER
WOLFGANG SONNE
SOWIE
ALEXANDER PELLNITZ
BIRGIT ROTH
MIRJAM SCHMIDT
JÜRG SULZER UND **ANNE PFEIL**
THOMAS WILL

DIE EINZELTEXTE **HOFRÄUME IM VERGLEICH** SIND IN ZUSAMMENARBEIT MIT MALTE NETTEKOVEN ENTSTANDEN.

HERAUSGEBER CHRISTOPH MÄCKLER
DEUTSCHES INSTITUT FÜR STADTBAUKUNST

REDAKTION JYTTE ZWILLING
ZEICHNUNGEN MARIANNE KAISER UND JYTTE ZWILLING
LEKTORAT GINA VON DEN DRIESCH
KORREKTORAT UTA KEIL
SCHRÄGLUFTFOTOS NÜRNBERGLUFTBILD, HAJO DIETZ
GRAFIK-DESIGN ANTONIA HENSCHEL, SIGN KOMMUNIKATION
DRUCK GRASPO CZ, A.S.

ISBN 978-3-98612-056-6 (BAND 2)
ISBN 978-3-98612-054-2 (BAND 1–4 IM SET)

DEUTSCHES
INSTITUT FÜR
STADT
BAU
KUNST

technische universität
dortmund

jovis